Introdução à Lingüística

BIBLIOTECA UNIVERSITÁRIA

Florence Carboni

Introdução à Lingüística

autêntica

COPYRIGHT © 2008 BY FLORENCE CARBONI

COORDENADOR DA SÉRIE CIÊNCIAS HUMANAS
(Coleção Biblioteca Universitária)
Nildo Viana

PROJETO GRÁFICO DA CAPA
Guilherme Xavier

REVISÃO
Dila Bragança de Mendonça

EDITORAÇÃO ELETRÔNICA
Conrado Esteves

Todos os direitos reservados pela Autêntica Editora.
Nenhuma parte desta publicação poderá ser reproduzida,
seja por meios mecânicos, eletrônicos, seja via cópia
xerográfica sem a autorização prévia da editora.

AUTÊNTICA EDITORA
BELO HORIZONTE
Rua Aimorés, 981, 8° andar . Funcionários
30140-071 . Belo Horizonte . MG
Tel: (55 31) 3222 68 19
TELEVENDAS: 0800 283 13 22
www.autenticaeditora.com.br
e-mail: autentica@autenticaeditora.com.br

Dados Internacionais de Catalogação na Publicação (CIP)
(Câmara Brasileira do Livro)

Carboni, Florence

   Introdução à Lingüística / Florence Carboni. -- Belo Horizonte:
Autêntica , 2008. --
(Coleção Biblioteca Universitária)

Bibliografia
ISBN: 978-85-7526-315-0

1. Lingüística 2. Lingüística - Estudo e ensino. I. Título. II. Série

08-02222   CDD-410

Índice para catálogo sistemático:
1. Lingüística   410

Para meu companheiro Mário Maestri
e meu filho Gregório Carboni Maestri.

Para meus colegas Ana Zandwais,
Robert Ponge e Telisa Furlanetto Graeff.

SUMÁRIO

INTRODUÇÃO	9
CAPÍTULO I	
A PRÉ-HISTÓRIA DA LINGÜÍSTICA	11
A escrita e a consciência da materialidade da língua	12
As primeiras descrições lingüísticas	14
A relação do sentido com a materialidade da linguagem	18
CAPÍTULO II	
A LINGÜÍSTICA CONFUNDE-SE COM A GRAMÁTICA E COM A FILOLOGIA	21
Linguagem e pensamento ou a busca da lógica na linguagem	22
A Lingüística Comparatista	24
A Lingüística Histórica	28
Wilhelm Von Humboldt	33
CAPÍTULO III	
A LINGÜÍSTICA ESTRUTURALISTA	37
As noções de sistema e de abitrariedade do signo lingüístico nos precursores do estruturalismo	39
Representante mais exemplar: Saussure	41
Outras correntes do estruturalismo em lingüística	48
Outros "estruturalismos": em foco, sintaxe, modelos matemáticos e inatismo	54

Capítulo IV
Lingüística e prática   63

A pragmática   65

A Lingüística da Enunciação   68

Os soviéticos   71

Capítulo V
O diálogo com outros campos disciplinares   75

A Análise do Discurso   75

A Sociolingüística   79

A Sociolingüística atual e suas correntes   85

Referências   91

Introdução

A linguagem verbal é uma instituição social, ao mesmo tempo que possui aspectos inatos. Tem traços materiais e simbólicos. É intrinsecamente ligada à consciência e à subjetividade, mas é compartilhada por toda a comunidade dos falantes. Tem aparentemente uma estrutura imutável, mas muda a todo momento. Pode ser um instrumento de emancipação e de poder. Para apreendê-la enquanto objeto do conhecimento, elaboraram-se inúmeros modelos teóricos, cuja pretensão maior foi sempre descrever e explicar seus aspectos mais essenciais.

Como toda ciência, a Lingüística construiu-se historicamente, a partir da acumulação de teorizações sobre a natureza e o funcionamento da linguagem verbal e das línguas, que, de modo geral, refletiam apenas parte da sua complexidade. Nesse sentido, é impossível compreender a Lingüística sem compreender a história de seu desenvolvimento. E fazer a história da Lingüística é fazer a história das práticas dos lingüistas e de seus discursos sobre a linguagem verbal.

Partindo do pressuposto de que o mundo das idéias é reflexo do mundo social e material e que, de modo geral, as idéias dominantes são as dos grupos sociais dominantes, entendemos que, para compreender os discursos sobre a linguagem verbal numa determinada conjuntura sócio-histórica, é preciso compreender a realidade material dessa conjuntura e as contradições sociais dela decorrentes. Somente assim, à luz das relações de força sociais, é possível esclarecer as profundas contradições teóricas de que a

Lingüística foi objeto e, até mesmo, o ecletismo que tende hoje a caracterizá-la.

Em um trabalho como este, cuja principal meta é iniciar o leitor em uma ciência chamada Lingüística – e que, portanto, deve ser sintético –, é problemática a escolha das correntes, das escolas, dos modelos teóricos e dos pesquisadores que devem ser citados e focalizados, em detrimento de outros. Assim também, é difícil a decisão acerca do momento histórico em que é preciso fazer iniciar os estudos científicos sobre a linguagem verbal. Ainda mais porque há, na comunidade científica e não-científica, a idéia muito difusa de que a Lingüística científica começa com Ferdinand de Saussure.

Fizemos opções, mas, ao lado dos modelos teóricos que a sociedade legitimou e que adquiriram autoridade científica, esparramando efeitos muitas vezes perversos nas dinâmicas lingüísticas das sociedades e sobretudo na didática do trabalho com a língua materna e do ensino de línguas estrangeiras, procuramos dar espaço a escolas e teorias que tenderam a ficar nas sombras, e, muitas vezes, foram heroicamente levadas adiante por pesquisadores engajados, convencidos de sua pertinência científica.

CAPÍTULO I

A pré-história da Lingüística

> *Se a Lingüística é o estudo da linguagem*
> *em todos os seus aspectos [...], então*
> *a história da Lingüística deve abranger*
> *todas as abordagens passadas do estudo da*
> *linguagem, quaisquer que tenham sido*
> *os métodos usados e os resultados obtidos.*
> (WEEDWOOD, 2002, p. 18)

Em *A língua inatingível: o discurso na história da Lingüística*, Françoise Gadet e Michel Pêcheux (1938-1982) registram o fato de que a "reflexão sobre a linguagem não tem, evidentemente, começo histórico assinalável". Os que resolvem empreender a tarefa de reconstituir essa história acabam restringindo-se a procurar, em civilizações passadas, o registro de discussões sobre a linguagem verbal, antes mesmo que aparecesse uma verdadeira ciência da linguagem. É o que faremos a seguir.

Na Antigüidade, geralmente, foram motivações práticas que levaram os seres humanos a refletir sobre a estrutura das línguas e o seu uso. Para a consciência e a análise metalingüísticas, foram fundamentais a invenção e o avanço dos sistemas de escrita no Mundo Antigo. A seguir, apresentaremos os casos mais exemplares e conhecidos da invenção da escrita. No entanto, não podemos esquecer que os relatos sobre os estudos das línguas faladas e escritas na Antigüidade estão necessariamente impregnados de visões filosófico-ideológicas de épocas mais recentes.

A escrita e a consciência da materialidade da língua

Segundo o lingüista francês Antoine Meillet (1866-1936), a criação e o aprimoramento da escrita devem ser relacionados à tomada de consciência, muitas vezes empírica e não propriamente científica, da estrutura da língua. Em um primeiro momento, as escritas ideográficas (como os hieróglifos egípcios, os primeiros símbolos sumérios, chineses ou maias) associaram signos distintos às unidades significativas da língua (palavras). A seguir, as escritas alfabéticas associaram símbolos ou letras às unidades fônicas (sons). Para Meillet, os "homens que inventaram e aperfeiçoaram a escrita [...] foram grandes lingüistas e foram eles que criaram a Lingüística".

A evolução da escrita registra os avanços da compreensão que os seres humanos tinham das estruturas das línguas. Evolução esta condicionada igualmente pelas próprias estruturas das línguas transcritas. E se alguns sistemas de escrita não se simplificaram, pode ter sido devido à oposição eventual de casta de escribas, e não à falta de tomada de consciência metalingüística por parte dos falantes dessas línguas.

O Egito antigo conheceu a proto-escrita pictográfica baseada em desenhos. Nos anos 2600 a.n.e, com os hieróglifos (*hiero*, sagrado; *glifo*, gravado), essa região foi palco da passagem dos pictogramas aos ideogramas e, a seguir, dos ideogramas a uma escrita que misturava os ideogramas (signos-palavras) e os fonogramas (signos-sons). Isto é, para pôr fim à ambigüidade de certos ideogramas e determinar sua pronúncia, escrevia-se, ao seu lado, um ou mais outros ideogramas, não mais pelo seu significado, mas apenas em razão do seu primeiro som. Assim, alguns ideogramas tornavam-se também fonogramas, representando sempre consoantes.

Ao associar hieróglifos-ideogramas com hieróglifos-fonogramas, que serviam apenas como complementos fônicos consonânticos, os egípcios comprovaram ter adquirido pragmaticamente a noção de sílaba. Mas nada nos autoriza a afirmar que, nessas sílabas, os falantes já percebessem o que mais tarde chamaríamos de *fonemas*. Na escrita egípcia, nenhum ideograma iniciava com sons vocálicos. Talvez porque essa língua não possuía vogal em início de palavra e nenhuma sílaba-vogal. Ou porque, como em todas as línguas semíticas, no egípcio, o sentido era carregado por uma estrutura silábica essencialmente consonântica. De fato, nessas línguas, a função gramatical da palavra – sua conjugação, por exemplo – é indicada por algumas modificações consonânticas e, sobretudo, pela alternância regular das três vogais a, i, u, que são como que adivinhadas pelos falantes. As reflexões lingüísticas decorrentes da evolução da escrita no Egito apresentam inúmeras analogias com as realizadas na Suméria e na China.

Quanto à escrita fenícia (também conhecida como escrita siro-palestina ou cananéia), ela foi identificada no Mediterrâneo oriental, em documentos que datam de 1500-1300 a.n.e. Em relação à escrita egípcia, ela registra uma ainda maior tomada de consciência dos sons da língua, na medida em que comporta um número reduzido de 28 caracteres cuneiformes (impressos com o auxílio de objetos em forma de cunha), que, como na escrita egípcia, parecem representar apenas as consoantes. Em verdade, alguns especialistas sustentam que a letra fenícia representaria não a consoante, mas a sílaba, cuja vogal não estaria especificada. A escrita fenícia foi a primeira totalmente fonética, já que não se serviu de nenhum ideograma. Tamanho seria o avanço do alfabeto fenício que o lingüista francês Georges Mounin (1910-1993) refere-se a essa compreensão da estrutura da língua como uma verdadeira "revolução intelectual".

Mesmo assim, Mounin considera que as *escritas alfabéticas propriamente ditas* anotam com grafemas distintos *todas* as unidades fônicas mínimas, isto é, consoantes e vogais, cuja alternância relativamente regular constitui necessariamente qualquer cadeia falada. No século oitavo a.n.e, o alfabeto fenício serviu de base para as primeiras anotações de línguas não-semíticas, como o grego. Nessas línguas, não sendo as vogais previsíveis ao falante, como o eram nas línguas semíticas, todos os elementos fônicos deviam ser representados.

É difícil saber o que surgiu primeiro, se foi a escrita alfabética ou a tomada de consciência da existência na língua grega de consoantes e vogais. Mounin propõe que a natureza da língua grega – onde o sentido também podia ser dado por vogais – levou aqueles locutores a aperfeiçoar o alfabeto silábico-consonântico fenício, o que permitiu também que avançassem na consciência da existência de sons vocálicos e consonânticos. Não há dúvida, portanto, de que a escrita alfabética contribuiu para aperfeiçoar a análise fonética. Em forma pioneira e aproximativa, cerca de trezentos anos após a invenção do primeiro alfabeto grego, Platão (427-347 a.n.e.), em *Crátilo*, e Aristóteles (384-322 a.n.e.), em *Poética*, já elaboravam considerações, sobretudo de caráter acústico, sobre os sons do grego, que Aristóteles classificava em vocálicos, semivocálicos e mudos, dividindo estes últimos em tênues, médios e densos.

Também nas escritas hindus – *kharosthi* e *brahmi* – materializou-se a tomada de consciência dos aspectos fonéticos das línguas hindus. Essas escritas surgiram apenas nos anos 300 a.n.e., portanto, bem mais tarde do que as escritas do Egito, da Suméria e da China. Apesar de serem silábicas, elas distinguiam as vogais das consoantes e as vogais entre si. Portanto, a consciência fonética hindu deve ter sido anterior ao surgimento da escrita. Já no século quarto a.n.e., para garantir uma correta pronúncia das frases litúrgicas em sânscrito, o gramático Panini descrevera em detalhes, na primeira gramática conhecida, o que considerava os segmentos mínimos dessa língua, desde um ponto de vista articulatório.

As primeiras descrições lingüísticas

Não apenas a gênese da escrita permite compreender o grau de consciência dos povos antigos em relação às suas línguas. As dificuldades na leitura dos textos antigos, em geral textos sagrados, as situações de bilingüismo e as necessidades de tradução que resultavam dos contatos com outros povos constituíram igualmente um fator importante para a tomada de consciência da natureza e do funcionamento das línguas.

Segundo Mounin, na civilização egípcia, a reflexão lingüística nasceu em grande parte dos problemas postos pela leitura de textos de uma língua que se modificara incessantemente: "[...] a longa duração do regime faraônico, à qual se acrescenta a grande estabilidade das estruturas administrativas, teve como resultado a existência de documentos de arquivos, muitas vezes muito velhos, que põem aos escribas o problema das leituras de uma língua envelhecida (já que o egípcio falado modificou-se nesses três milênios ao longo dos quais ele foi escrito sem interrupção)". Nascia, assim, uma verdadeira prática filológica.

Ao contrário do Egito, relativamente unificado, a Mesopotâmia foi uma região muito fértil, constantemente disputada por povos que se sucederam no domínio desses territórios. Os primeiros vestígios escritos com cuneiformes em argila remontam a cerca de 4.000 a.n.e. e foram encontrados na antiga Suméria – hoje Iraque. Em 2003, quando da invasão de Bagdá pelas tropas angloestadunidenses, milhares desses tabletes de argila, ainda não decifrados, foram roubados ou destruídos, para sempre.

Através desses documentos escritos, a língua dos sumérios sobreviveu como língua sagrada dos acádios, povos seminômades que invadiram as cidades sumérias nos anos 2000 a.n.e. Os letrados acádios deviam ser bilíngües, já que, além de sua língua, tinham que conhecer e praticar a língua sagrada suméria, o que implicava uma instrução em sumério e, portanto, um estudo paleográfico e filológico daqueles antigos textos. Para ensinar a ler e a escrever em sumério, os acádios elaboraram gramáticas descritivas e léxicos dessa língua, bilíngües sumério-acádio. Essas obras são embriões de classificações semânticas – nomes divinos, de profissões, determinados por outros nomes ou derivados de outros nomes, etc.

Os assírios sucederam os acádios na Babilônia. Para eles, a compreensão dos textos antigos escritos em sumério era mais complexa ainda. Isso porque, na língua assíria não havia relação entre valor silábico e semântico, como, ao contrário, acontecia no sumério e no acádio, em que, como em outras línguas semíticas, a estrutura silábica carregava o sentido e toda modificação consonântica indicava uma função gramatical. Portanto, ao comparar sua língua com a dos sumérios e dos acádios, os assírios tiveram que compreender e descrever esse traço característico. Isso pode ter contribuído, mesmo lentamente, para uma simplificação dessa escrita, realizada mais tarde, no século sétimo a.n.e., pelos persas, que também instalaram-se na região. Os persas conservaram apenas quatro dos signos-palavras dos acádios. Segundo Mounin, a prática da língua dos sumérios pelos povos da região – através da escrita já simplificada – continuou até o século primeiro de nossa era.

A Índia antiga teria vivido situação análoga. A elaboração da gramática hindu por Panini estaria ligada à preocupação em conservar o sânscrito, língua antiga, considerada perfeita, que veiculava a literatura védica (ca. 2000-500 a.n.e.). A própria palavra *sânscrito* significaria "perfeito". Quando, no século terceiro a.n.e., o sânscrito deixou de ser falado em favor dos *prakrits* – línguas vulgares, provenientes do sânscrito –, a gramática hindu assumiu uma função filológica. Panini, o mais conhecido dos gramáticos hindus, viveu nos séculos sexto-quinto a.n.e. Sua gramática é constituída de cerca de quatro mil regras, que descrevem minuciosamente o funcionamento do sânscrito, sobretudo em termos articulatórios. Na sua gramática, Panini evoca e sintetiza igualmente cerca de setenta outros gramáticos anteriores, de tradição oral, o que comprova que, antes de seu trabalho, já se desenvolvera uma ampla reflexão sobre a língua.

A gramática hindu é a primeira conhecida na história da humanidade que analisa o que a Lingüística denominaria mais tarde de *níveis da descrição lingüística* – unidades significativas e traços fônicos. Na sua gramática, Panini apresentou uma distinção entre as articulações consonânticas surdas e sonoras, entre as orais e as nasais e entre as aspiradas e não-aspiradas. Ele também procedeu a uma análise da palavra em morfemas, ajudado, segundo os especialistas, pela extraordinária clareza morfológica do sânscrito. A importância do sânscrito, de sua descrição gramatical e de sua comparação com as línguas européias só se materializaria quase dois milênios mais tarde, fazendo avançar consideravelmente as idéias lingüísticas por meio dos estudos lingüístico-comparativos.

Quanto aos antigos gregos, como vimos, ao transformar o alfabeto silábico-consonântico fenício em alfabeto capaz de representar todos os sons da língua, eles fizeram avançar consideravelmente o conhecimento do que se convencionou chamar de segunda articulação da língua. A contribuição dos gregos antigos ao avanço da Lingüística foi mais longe. Eles foram responsáveis pela elaboração de uma classificação gramatical que, na sua estrutura de base, é utilizada ainda hoje.

A cidade grega de Alexandria, no Egito, possuiu a maior biblioteca de sua época, construída em cerca de 290 a.n.e. A partir do século terceiro a.n.e., os alexandrinos passaram a estudar a língua dos textos que ali se encontravam, escritos sobretudo em grego homérico e clássico. De certa forma, essa motivação era também sociolingüística, pois, naquele então, a língua grega já enfrentava uma forte vulgarização sob a forma de uma língua mista, chamada *koinè diálektos* (língua comum), além da competição com o latim.

As diversas gramáticas elaboradas pelos alexandrinos durante cerca de cinco séculos desenvolveram indicações já esboçadas por Platão e Aristóteles, que não estavam interessados na gramática em si, mas na linguagem enquanto instrumento de raciocínio e de persuasão. Esses filósofos já tinham se debruçado sobre os casos, a estrutura da frase e as partes do discurso – letra, sílaba, conjunção, artigo, nome, verbo. No século segundo a.n.e, o gramático Dionísio Trácio (170-90 a.n.e.) ressaltou as regularidades analógicas – e, portanto, não naturais – do sistema morfológico [sua escola era chamada de *analogista*] e dividiu a diversidade dos elementos da linguagem em oito partes: artigo, nome, verbo, princípio, pronome, advérbio e conjugação.

Os estóicos contestavam os analogistas e defendiam o caráter natural da língua, destacando suas irregularidades. Essa escola ficou conhecida como *anomalista*. Inicialmente, a gramática anomalista classificou as palavras, em quatro classes – nome, verbo, conjunção, artigo – e, a seguir, em cinco, dividindo a classe dos nomes em próprios e comuns. Ela mostrou a diferença entre os casos retos – nominativo – e oblíquos – acusativo, genitivo e dativo. Os anomalistas classificaram os verbos em passivos e ativos e em transitivos e intransitivos. Uma classificação gramatical que continua servindo de modelo até hoje.

Os gregos deixaram inúmeros legados à ciência, e, em particular, ao estudo da linguagem. Profundamente etnocêntricos, não se interessaram às línguas de outros povos, que denominavam genericamente de *bárbaros* – palavra que se originou provavelmente de "bar bar", onomatopéia que aproximava as outras línguas aos gritos de animais. Em Roma, a reflexão gramatical é sobretudo ligada ao nome do gramático Prisciano (século V), que escreveu *Institutio de arte grammatica*, em dezoito livros, aprofundando o estudo da morfologia e da sintaxe, trabalho muito apreciado na Idade Media.

A relação do sentido com a materialidade da linguagem

As idéias desenvolvidas pelo gramático hindu Panini sobre a linguagem registram que, antes dos gregos e, evidentemente, da teoria atribuída a Saussure sobre o signo, os hindus já refletiam sobre a relação entre a palavra e seu significado, natural e necessária para uns, convencional para outros. Discutiam igualmente uma idéia que seria retomada e sistematizada mais tarde por Saussure, sobre a noção de *valor*, isto é, tudo aquilo que a palavra é e que as outras palavras da língua não são.

As considerações filosóficas mais profundas e precisas sobre a natureza da linguagem verbal e, portanto, do sentido das palavras, foram elaboradas principalmente na Grécia. Weedwood considera que, naquele então, se opunham duas visões da natureza da língua e da linguagem: "[...] a língua(gem) como fonte de conhecimento e a língua(gem) como um simples meio de comunicação". Se a língua possui um vínculo, direto e essencial com a realidade, como seu espelho, então seu estudo seria um caminho para o conhecimento da realidade. Caso o sentido das palavras seja arbitrário, a língua não apresenta interesse para um maior conhecimento da realidade, e seu estudo se limitaria ao entendimento do funcionamento da língua enquanto meio de comunicação.

Nos fatos, os pensadores gregos inquiriam se as "palavras" eram "a expressão natural e necessária das noções" que recobriam, ou se seriam signos arbitrários e convencionais. Como vimos, os partidários da idéia de que a língua seria expressão natural do mundo (*physei*) eram chamados de anomalistas; os que acreditavam na sua arbitrariedade e convencionalidade (*thései*) eram conhecidos como analogistas.

Platão dedicou o *Crátilo* à questão de saber se a relação entre as palavras e seus referentes seria natural ou imposta pela convenção. Essa discussão baseava-se em questão mais genérica: se os estados e as leis são uma necessidade natural ou simples convenções. Dos três personagens retratados por Platão no livro citado, destaca-se Sócrates, com seu posicionamento intermediário. De certo modo, Sócrates representa Platão, mostrando que as duas posições têm uma parte de verdade.

Aristóteles, herdeiro de Platão, também discursou sobre a natureza da relação entre a palavra e a realidade que descreve. Para ele, os signos escritos substituiriam os signos falados, que, por sua vez, representariam não as coisas, mas impressões na alma (*pathemata*), isto é, apenas a aparência das coisas reais. Os *estóicos,* nos séculos terceiro e segundo a.n.e., retomaram a teoria aristotélica e acrescentaram uma outra etapa, essencial, entre a recepção passiva da impressão e a fala. A etapa do *conceito,* isto é, de uma noção que pode ser verbalizada.

Muitas preocupações dos filósofos gregos e modelos teóricos por eles construídos continuam sem solução consensual na Lingüística contemporânea, como o problema da significação e, mais especificamente, da relação entre a substância física dos enunciados e seu significado.

CAPÍTULO II

A Lingüística confunde-se com a Gramática e com a Filologia

> *[...] é impossível separar a história da ciência [mesmo se a ciência da Lingüística ainda é embrionária] da própria história. Ao teorizar as relações entre as línguas, pensa-se às relações entre as comunidades e a ideologia dominante da época está, então, amplamente presente.*
>
> (CALVET, 2002, p. 35)

A reflexão sobre a linguagem verbal e as línguas avançou pouco na Idade Média. Apesar das inúmeras traduções dos textos fundamentais do cristianismo (Bíblia e Evangelho) em línguas não escritas, que determinaram a invenção de alfabetos para elas (por exemplo, o alfabeto cirílico), que deveriam ter provocado um esforço de observação e reflexão sobre os sons dessas línguas, não houve um real progresso qualitativo nem na descrição fonética.

Em *História da lingüística*, Mounin cita apenas duas exceções a essa estagnação lingüístico-científica. A primeira é a minuciosa descrição fonético-articulatória das 28 letras do alfabeto árabe, realizada pelos gramáticos de Bassora, no atual Iraque, no século oitavo de nossa era. A segunda deu-se na Europa, com o tratado *Edda*, do escandinavo Snorri Sturluson (1179-1241), que, "para estabelecer e justificar sua reforma da ortografia [...] inventou literalmente os princípios da descrição fonológica. Sturluson afirmava que um som só tem uma realidade distintiva se ele serve a opor pares mínimos cujo contexto fônico seria o mesmo em outro lugar e, para verificar essa função distintiva do som, Sturluson entendia que sua substituição por outro deveria determinar uma mudança de sentido". No entanto, na época, essas reflexões e descobertas permaneceram sem conseqüências epistemológicas.

Na Idade Média, a essência da reflexão lingüística foi a gramática. Porém, mesmo se, durante esse longo período histórico, *grammatica foi* sinônimo de latim clássico, a reflexão gramatical não foi monolítica, pois permitiu que a compreensão do funcionamento das línguas avançasse, como veremos.

Linguagem e pensamento ou a busca da lógica na linguagem

Após um longo período no qual os gramáticos medievais preocuparam-se unicamente em descrever o funcionamento do latim – língua oficial da Igreja –, para facilitar seu ensino e a leitura dos textos bíblicos, houve, por volta de 800, uma mudança nos seus interesses. Com a redescoberta das obras da Antigüidade e, em particular, dos volumes da *Institutio de arte grammatica*, do romano Prisciano, os gramáticos medievais elaboraram obras didáticas, dedicando-se, segundo Weedwood, "à tarefa de tornar a doutrina das *Intitutiones* mais acessíveis a seus alunos, preparando versões resumidas, paráfrases, excertos e comentários".

Desde então, à medida que traduções de obras dos filósofos gregos conheciam uma maior divulgação, sob novas formas, voltava a ter força o antigo debate grego entre as duas visões de linguagem – linguagem natural (*physei*) *versus* linguagem imposta pela convenção social (*thései*). Personagens como Santo Agostinho, seguindo Platão, consideravam que as palavras eram manifestações concretas das idéias e que havia uma relação intrínseca entre elas e seus referentes: eram os *realistas*. Para os *nominalistas*, como Tomás de Aquino, herdeiros de Aristóteles, as palavras não eram as coisas, mas apenas os nomes das coisas, estabelecidos por convenção.

Foi sobretudo a tese realista, platônica, da linguagem enquanto instrumento lógico, modelado a partir de um pensamento universal, que se manteve forte até os séculos XIX e XX. Essa corrente poderia ser resumida nas consignas *gramática* e *universais*.

Ela apoiava-se na concepção filosófica que via a língua como uma estrutura atemporal, sustentada pela estrutura do espírito humano, segundo o modelo dos anomalistas gregos. No entanto, a partir do século XII, aproximadamente, estabeleceu-se uma divisão, de origem aristotélica, entre uma gramática teórica (*grammatica speculativa*), que investigaria os princípios universais da linguagem, e uma gramática mais prática (*grammatica positiva*), destinada a descrever as línguas particulares. Essa divisão consolidou-se no Renascimento.

Na Idade Média, os *modistas*, que desenvolveram suas atividades na universidade de Paris na segunda metade do século XIII, foram os mais conhecidos adeptos da gramática universal. Essa interpretação lógico-formalista baseava-se na visão de que todas as línguas obedecem a princípios gerais e lógicos e, portanto, no pressuposto de uma conexão intrínseca entre linguagem verbal e realidade, como queriam os anomalistas gregos e os realistas. Essa visão infiltrou-se nas concepções de ensino da língua e serviu de base para a elaboração da *Gramática Geral e raciocinada de Port-Royal*, publicada na França em 1660. Antoine Arnauld (1612-1694) e Claude Lancelot (1615-1695), autores dessa famosa gramática, afirmavam ter analisado várias línguas à procura das "razões de diversas coisas que são ou comuns a todas as línguas ou particulares a algumas".

A Gramática de Port-Royal pretendia encontrar os princípios gerais e lógicos que regeriam todas as línguas. No entanto, como salienta Calvet, "a generalização restringe-se sempre ao francês, às vezes ao grego e o hebreu; o alemão é alegado apenas duas ou três vezes [...], o espanhol e o italiano menos raramente [...]". Isto é, a gramática de Port-Royal nunca se referiu a línguas então já conhecidas na Europa, como o polonês, o turco, o árabe, às línguas nativas americanas etc., registrando o etnocentrismo que a regia. Em uma época em que o colonialismo europeu vivia verdadeiro fausto, a ideologia dominante na França impunha que as línguas *plenas* do mundo se restringissem, nos fatos, ao latim, ao grego, ao hebreu e, claro, ao francês. Conseqüentemente, a "ordem lógica" ou o sistema alfabético dessas línguas deveria ser repetido por todas as outras línguas do mundo.

A Gramática de Port-Royal enfatizava o vínculo intrínseco entre a lógica e a linguagem, sobretudo no plano sintático. Na época, essa visão teórica teve implicações diretas no ensino-aprendizagem de línguas estrangeiras, que se limitava praticamente a uma aprendizagem de palavras, já que, como mostra Calvet, tendo as línguas a mesma organização lógica (sintaxe), mudar de língua consistiria simplesmente em mudar de palavras. A língua considerada superior a todas era a que tinha supostamente a organização mais lógica. Segundo Arnauld e Lancelot, essa língua era o francês.

Apesar das suas lacunas, suas fraquezas e seus limites históricos, a Gramática de Port-Royal contribuiu para o avanço da Lingüística, ao pensar a linguagem em sua generalidade. Nesse sentido, ela foi abertamente elogiada por Saussure, que a considerou uma primeira tentativa de descrever estados de língua e de proceder a uma análise estritamente sincrônica. O *Curso de lingüística geral* afirma inclusive que essa gramática tinha um objeto mais bem definido do que a Lingüística histórico-comparativa inaugurada por Bopp. Chomsky (1928-) também vê na gramática de Port-Royal a ancestral da sua Gramática Gerativa e Transformacional.

A Lingüística Comparatista

A "Lingüística Comparatista", "Lingüística Comparativista", "Gramática Comparada" ou ainda "Gramática Comparativa", surgiu somente no fim do século XVIII, desenvolvendo-se plenamente na primeira metade do século seguinte. No entanto, já no século XVI, surgiam trabalhos que podem ser considerados embriões dessa corrente científica. Contrariamente às correntes que acabamos de analisar, a Lingüística Comparatista tinha como foco principal não a universalidade e a lógica da linguagem verbal, mas a transformação das línguas e sua afinidade. Em 1554 o toscano Ângelus Caninius (1521-1557) escrevia umas *Institutiones* sobre as línguas sírias, assírias, talmúdicas, etíopes e arábicas, difundindo a idéia da existência de um parentesco entre essas línguas semíticas.

No século XVIII, ao lado da visão lógica-universalista aristotélica e racionalista da gramática de Port-Royal, prosseguiu em forma autônoma o inventário descritivo das línguas faladas, sobretudo por parte de missionários e viajantes. Em inícios do século XVIII, cerca de cem anos antes dos primeiros grandes trabalhos de Lingüística Comparatista, o filósofo alemão Gottfried Wilhelm Leibniz (1646-1716) já contestava as gramáticas gerais fundadas na lógica, procurando demonstrar, em *Dissertação sobre a origem das nações*, que era preciso proceder à comparação das línguas e de suas regras de funcionamento, já que a materialidade da linguagem verbal só se daria sob forma das diversas línguas existentes no mundo.

Em fins do século XVIII, quando das lutas entre a França e a Inglaterra pela exploração colonial da Índia, os meios intelectuais europeus tomaram conhecimento das descrições fonéticas e morfológicas realizadas por gramáticos hindus na Antigüidade e do sânscrito, a língua hindu antiga objeto dessas descrições. Como o sânscrito possuía inúmeras e profundas afinidades com o latim, o grego e outras línguas antigas (gótico, celta, persa, etc.), tornou-se evidente para os especialistas a origem comum dessas línguas. Segundo Orlandi, "o alvo visado, então, não é mais a língua ideal mas a *língua-mãe*. O ideal racionalista cede seu lugar ao ideal *romântico*: não se busca a perfeição, se busca a *origem*".

Afirma-se que a Lingüística Comparatista foi a primeira Lingüística científica, com um método de indagação e um objeto próprios, constituindo o último estágio pré-saussuriano. Segundo Emile Benveniste (1902-1976), durante "séculos, dos pré-socráticos aos estóicos e aos alexandrinos, e depois no Renascimento aristotélico, que estende o pensamento grego até o fim da Idade Média latina, a língua permaneceu objeto de especulação, não de observação. [...] Essa atitude não mudou absolutamente até o século XVIII".

A Lingüística Comparatista não foi a única forma de reflexão lingüística do século XIX, não nasceu repentinamente após a descoberta do sânscrito pelos europeus, nem encontrou respaldo significativo, sobretudo na França, onde a herança da gramática de Port-Royal continuou forte durante todo o século XIX. Inicialmente, a descoberta do sânscrito pelos europeus ensejou apenas a publicação de gramáticas e dicionários dessa língua e estudos tradicionais centrados na busca da língua original, no sentido teológico.

A maior atenção com a estrutura interna das línguas, por um lado, e a compreensão de que elas constituem os principais veículos da história dos povos, por outro, foram duas perspectivas de pesquisa que influenciaram profundamente os estudos lingüísticos dos séculos XIX e XX. Essas perspectivas corresponderam às duas orientações do pensamento filosófico-lingüístico que os lingüistas marxistas soviéticos Mikhaïl Bakhtin (1895-1975) e Valentin Volochinov (1895-1936) denominam respectivamente de "objetivismo abstrato" e de "subjetivismo idealista".

Para Mounin, o contexto sócio-histórico no qual a Lingüística Comparatista conheceu seu maior desenvolvimento foi o romantismo alemão, que procurava descobrir e exaltar o passado nacional. Os especialistas – entre eles, o próprio Saussure, nos seus *Escritos de lingüística geral* – citam o alemão Franz Bopp (1791-1867), estudioso e professor de sânscrito, como o iniciador desse método científico. Bopp foi um dos primeiros a falar em estudo sistêmico das línguas, mesmo se ele continuava assimilando a língua a um organismo vivo, como muitos na sua época. Em *Sistema de conjugação do sânscrito*, de 1816, procurando encontrar a gênese das formas gramaticais em uma protolíngua, mãe das línguas conhecidas, Bopp aproximou as conjugações do sânscrito, do grego, do latim, do persa e do germânico. Essa protolíngua ficaria conhecida como o indo-europeu.

O lingüista francês Meillet dizia que Bopp "encontrou a Gramática Comparada ao tentar explicar o indo-europeu, assim como Cristóvão Colombo descobriu a América ao procurar a rota das Índias". Fez uma descoberta revolucionária, a partir de um objetivo inviável. Os destacados lingüistas Ramus Rask (1787-1832), Jakob Grimm (1785-1863) e August Schleicher (1821-1867) contribuíram significativamente para o comparativismo.

Alguns falam da Lingüística Comparatista como apenas um método comparativo. Consideram que a Gramática Comparativa é apenas parte da Lingüística Histórica. Pelo seu método, a Lingüística Comparatista era intrinsecamente histórica, mas em um sentido bem distante das especulações metafísicas e teológicas a-científicas dos séculos anteriores sobre a origem da linguagem. A proposta dos comparatistas da existência de uma protolíngua indo-européia, anterior às línguas conhecidas, deu-se a partir do estudo de material lingüístico objetivo. A preocupação histórica dos comparatistas evidenciava-se na teoria das árvores genealógicas [*Stammbaumteorie*] das línguas indo-européias. Essas teorias defendiam que, do tronco, ou seja, da língua-mãe, o indo-europeu, se destacariam, por ramificações sucessivas, as línguas-filha, que continuariam ramificando-se.

O verdadeiro objetivo do comparatismo em Lingüística era o estabelecimento do parentesco entre as línguas, e não a história de sua evolução. Nesse sentido, ele diferenciava-se da Lingüística Histórica, que surgiria um pouco mais tarde, na segunda metade do século XIX. Mesmo procurando demonstrar que as afinidades morfológicas ou fonéticas entre duas línguas não se deviam ao acaso, mas a uma genética comum, os comparatistas limitavam-se metodologicamente à análise interna das línguas estudadas, ignorando suas histórias.

O método comparativo foi aplicado à fonética, à estrutura gramatical e ao léxico, principalmente de línguas indo-européias. Como no estudo da regularidade fonética entre palavras que têm significados próximos em latim, grego, sânscrito e gótico, que mostrou, por exemplo, que ao (*p*) do latim *pater* (*pai*) ou *piscis* (*peixe*), corresponde um (*f*) no nórdico *fadir* e *fisk*; ao (*f*) do latim *frater* (*irmão*), corresponde um (*b*) no *brathar* do sânscrito, no *Bruder* do alemão e também no *brother* do inglês, etc.

No início de sua vida profissional, em 1879, com apenas 22 anos, Ferdinand de Saussure publicou um estudo sobre o sistema primitivo das vogais nas línguas indo-européias e, um ano mais tarde, um trabalho sobre o genitivo absoluto em sânscrito. Antes de ensinar Lingüística Geral na universidade de Genebra, entre 1906 e 1911, fora professor de Gramática Comparada e de sânscrito na mesma instituição. Antes de passar à História como o teórico da língua e da sincronia, Saussure foi um estudioso preocupado com a descrição concreta das línguas e de sua história.

Nos *Escritos de lingüística geral*, recentemente organizados e publicados por Bouquet e Engler, Saussure mostra que, como a história dos idiomas tem muitas lacunas, a gramática comparada de diversas línguas "se torna, por momentos, nossa única fonte de informação"; no entanto, é "apenas a solução que temos na falta de outra melhor". Para ele, nesse sentido, toda gramática seria necessariamente comparativa, e a Lingüística Comparatista seria apenas um instrumento, e não uma "tendência, uma escola ou um método particular", sugerindo a pertinência de se substituir o termo Gramática comparada por *História das línguas.*

A Lingüística Histórica

Antes do Renascimento, as descrições gramaticais limitavam-se às línguas clássicas e particularmente ao latim. A reflexão do toscano Dante Alighieri [1265-1321] sobre as chamadas línguas vulgares da península itálica foi uma das raras exceções conhecidas na Europa. As línguas vulgares tinham se originado do latim e, apesar de ser amplamente utilizadas por todas as camadas da população, não era permitido que servissem de instrumento lingüístico nos domínios culturais e nas instituições sociais e políticas, reservados ao latim. Dante Alighieri, do partido *burguês ghibellino,* fugiu de Florença quando o partido da nobreza, os *guelfi,* conquistou o governo daquela cidade-estado. Durante seu exílio, conheceu toda a península itálica. Antes mesmo de escrever a *Divina Comédia,* em *De vulgari eloquentia,* escrito entre 1304 e 1308, opinou sobre a linguagem humana em geral, e sobre os vulgares falados na Itália em especial.

Em *De vulgari eloquentia,* Dante Alighieri divide as línguas da Europa em três grupos: o grego, o germânico-eslavo e o românico, propondo uma nova subdivisão do último grupo em língua d'oïl, língua d'oc e língua do si. Dante Alighieri classificava a península itálica em quatorze grandes dialetos, cada um caracterizado por variações secundárias. Ao que parece, seu propósito era eminentemente *político*, pois buscava o melhor vulgar para ser falado em toda a península, no contexto de uma unificação que compreendia como necessária. O critério de avaliação do toscano era mais estilístico e subjetivo do que científico. O milanês, o bergamasco e o friulano encontravam-se entre os falares que Dante considerava piores para desempenhar a função de língua peninsular. Via o genovês como desagradável e o vêneto como híspido. Para ele, os falares trentino e piemontês não eram dignos de ser considerados, devido à sua demasiada proximidade de outras línguas (respectivamente o alemão e o francês). Dante considerava igualmente bárbaros todos os falares plebeus.

A reflexão lingüística de Dante Alighieri foi fenômeno isolado, sem continuidade imediata. Do século XIV até metade do século XVII, a Europa, com destaque para a Itália, conheceu o Renascimento, sob a tensão do capitalismo nascente. A herança greco-romana foi retomada e superada nas artes, na literatura, na ciência, etc., valorizando-se o ser humano e a natureza, em oposição à autoridade divina e o sobrenatural, bases da sociedade feudal. Nesse rico contexto, a Lingüística também teve seu caráter alterado, após o longo período no qual os estudos sobre a linguagem verbal e as línguas não romperam com a tradição da Antigüidade. Weedwood propõe até mesmo que se fale nas Lingüísticas pré e pós-renascentistas, em substituição à periodização histórica tradicional.

Nos séculos posteriores ao Renascimento, cresceu o interesse europeu pelas línguas vernáculas daquele continente e por línguas conhecidas quando da expansão comercial e colonial e graças à invenção da imprensa no século XVI. No novo contexto, generalizou-se o estudo do hebreu, língua original do antigo testamento, traduzido em diversas línguas européias. Durante a chamada Idade Média, em situação de escassos contatos *internacionais*, praticamente não houve interesse pela história das línguas e, conseqüentemente, pelo parentesco entre elas, salvo os estudos embrionários de Dante Alighieri, realizados, como acabamos de ver, por razões *nacionais*.

No Renascimento, começaram a aparecer obras buscando a origem das línguas ou, mais especificamente, suas filiações a uma língua-mãe que, para muitos, seria o hebreu, por razões ideológico-religiosas. Mesmo quando as línguas antes consideradas *latins vulgares*, passavam a ser escritas e normatizadas, elas continuavam gozando de menos prestígio por não terem caução e conotação religiosa. Para Martinho Lutero (1483-1546) e João Calvino (1509-1564), promotores da Reforma, expressão ideológica da reorganização burguesa do mundo feudal, as línguas realmente faladas pelo *povo*, na acepção da época, foram escolhidas como instrumentos de comunicação religiosa e de tradução da Bíblia.

Em geral, na Europa Ocidental, o estatuto de algumas línguas vernáculas em relação ao hebreu ocupou o centro da pesquisa lingüística, onde, segundo Calvet, cada erudito tentava a todo custo mostrar que seu próprio idioma era o mais próximo dessa língua. Datam dessa época trabalhos que lingüistas consideram hoje "aberrações individuais", ao avaliá-los fora do contexto histórico, como os do toscano Pierfranceso Giambullari (1495-1555), sobre a suposta origem hebraica do toscano; de Joannes Goropius (1519-1572), para o qual uma língua germânica seria a mãe de todas as outras; de Henri Estienne (1528-1598) e Jean Bodin (1530-1596), que viam afinidades entre o gaulês e o grego, etc.

Expressando o processo de formação dos Estados nacionais, essas interpretaçoes tendiam a considerar todas as outras línguas como inferiores, ainda mais se não fossem européias. Se o árabe e o próprio sânscrito eram desconsiderados nesse tipo de investigação sobre a proximidade com uma suposta *língua primeira*, o que dizer de línguas *coloniais*, como o tupi-guarani, falado no litoral do Brasil, que já começavam a serem conhecidas e até descritas?

Durante o Século das Luzes, a busca da origem das línguas manteve seu *status científico*. Jean-Baptiste D'Alembert (1717-1783), na sua *Enciclopédia*, Jean-Jacques Rousseau (1712-1778), no *Discurso sobre a origem da desigualdade,* Adam Smith (1723-1790), em

Ensaio sobre a primeira formação das línguas e sobre a diferença do gênio das línguas originais e das línguas compostas são exemplos dessa preocupação, mesmo se tratando de estudos mais filosóficos do que lingüísticos.

Nas reflexões lingüísticas do século XVIII, consolidou-se a idéia de que, simples na origem, as línguas tornavam-se progressivamente mais complexas com o surgimento e o refinamento do pensamento. Nascida da comparação das línguas européias com as de povos coloniais, essa concepção, em um sentido etnocêntrico, via as línguas coloniais como línguas de *selvagens*.

No século XIX, o conceito de História superou a mera descrição da vida dos monarcas e dos eventos políticos, com destaque para as guerras. Esse avanço permitiu o abandono da visão do latim como uma língua intrinsecamente estável ou da pretensão de *congelar* línguas contemporâneas como o francês na sua forma clássica e *padrão*, passando-se a considerar as línguas como instâncias em perpétua evolução. No novo contexto, a história interna, sistêmica, das línguas permitiu que se efetuassem grandes conquistas, como a definição de leis fonéticas e a reconstrução da protolíngua indoeuropéia.

É clara a dependência da Lingüística Histórica ao método comparativo. A observação das correspondências sistêmicas dos sons das línguas indo-européias evidenciou certas mudanças dos seus sistemas fonéticos. O mesmo aconteceu com as mudanças morfossintáticas e semânticas. Meillet e Saussure, entre outros, dividiam o século XIX em dois períodos: de 1860-1870, a Lingüística Comparatista teria dominado o cenário científico; nos anos sucessivos, as preocupações da Lingüística teriam se tornado mais históricas.

A Lingüística Histórica pretendia-se essencialmente científica. Ela defendia o estudo não da origem da linguagem, mas das transformações conhecidas pelas línguas, a partir de fase comum indo-européia. No final do século XIX, os neogramáticos – *Junggrammatiker* – defenderam o princípio da constância e da regularidade absoluta das leis fonéticas. Leis que não conheceriam nenhuma exceção, a menos que não fossem inibidas pela ação da *analogia*, isto é, por uma espécie de força psíquica dos falantes. Assim, caso uma mudança fonética afetasse um modelo gramatical, haveria, por parte dos falantes, uma tendência a retificar esse modelo, dando a impressão que a lei fonética não teria funcionado. Carlos Alberto Faraco cita o exemplo do paradigma irregular *deus/divi*, o primeiro sendo nominativo (sujeito) e o segundo genitivo (indicando relação de posse ou de origem – "de deus"). Esse paradigma não sobreviveu por força da analogia, sendo substituído pelos paradigmas regulares *deus/dei e divus/divi*.

A partir do princípio da regularidade absoluta das leis fonéticas, que operariam independentemente nos diferentes ramos da família indo-européia, os neogramáticos reconstruíram formas lingüísticas antigas hipoteticamente comuns às línguas dessa família. Os principais representantes dos neogramáticos foram Hermann Osthoff (1847-1909) e Karl Brugmann (1849-1919).

Numa abordagem epistemológica paralela, em 1859, na *Introdução à contribuição para a crítica da economia política*, no processo de construção do método histórico-dialético de interpretação dos fenômenos sociais, Karl Marx propusera que a "anatomia do homem" era uma "chave" para a compreensão da "anatomia do macaco", e não vice-versa. Propunha, portanto, que os fenômenos sociais e naturais *inferiores*, do ponto de vista *histórico* e *evolutivo*, seriam mais bem compreendidos a partir do conhecimento pleno das formas superiores nas quais sua evolução se materializou.

No século XIX, os progressos científicos da Lingüística Histórica deslegitimaram definitivamente as teses da língua hebraica, mãe de todas as línguas, predominante na Idade Média, nascidas e apoiadas na visão adâmica da origem do gênero humano e na organização feudal e absolutista da sociedade. Porém, nesses anos, legitimaram-se classificações das línguas do mundo, sobretudo como flexionais e não flexionais ou como isolantes, aglutinantes e flexionais, de cunho ideológico e inspiração colonialista. Ainda aceitas no século XXI, essas classificações das línguas e, portanto, dos povos e das culturas que as praticam, baseavam-se em visão teleológica e hierárquica.

Nessa estratificação, havia igualmente um resquício de uma concepção logicista e eurocêntrica da linguagem verbal, já que as línguas flexionais eram consideradas as mais evoluídas e as línguas tidas como mais evoluídas eram as indo-européias. Como vimos, as reflexões histórico-lingüísticas do século XVI subordinavam a história das línguas aos diversos nacionalismos, sobretudo alemão e francês. No contexto do neocolonialismo da primeira metade do século XIX, estudos de Lingüística Histórica defendiam a superioridade das línguas européias em relação às do resto do planeta. Paralelamente, propunha-se a superioridade racial dos europeus sobre os povos do mundo, visão que teve uma das suas mais célebres expressões nas teses racistas do conde José Arthur de Gobineau (1816-1882), apresentadas no seu célebre *Ensaio sobre a desigualdade das raças humanas,* publicado em quatro volumes, de 1853 a 1855.

No final do século XIX, a Lingüística Histórica e, mais especificamente, a Escola Neogramática, foram objetos de muitas críticas. Na época, impugnou-se a validade das rígidas leis da evolução lingüística e a concepção da "árvore genealógica" das línguas elaborada por August Schleicher, que não previa entrecruzamento entre os ramos da árvore, isto é, entre as línguas *filhas* da mesma *língua-mãe*. O fato de encontrar-se a mesma inovação em diversas línguas não significaria necessariamente que elas provinham da mesma língua-mãe, pois as inovações podiam perfeitamente atingir línguas diferentes, por exemplo, por causa do contato lingüístico.

Wilhelm Von Humboldt

Wilhelm Von Humboldt (1767-1835) viveu entre o século XVIII, Século das Luzes, do Racionalismo e do Classicismo, e o século XIX, que, na Alemanha, conheceu o romantismo nacionalista e, na Europa, a primeira grande expansão da produção capitalista. É difícil inserir o barão Humboldt em uma das correntes específicas do pensamento lingüístico, apesar de ter tido uma enorme importância para a história e o desenvolvimento da Lingüística. De família aristocrática, foi diplomata e alto funcionário do Estado prussiano. Era homem de letras, erudito, amigo dos escritores Johann Wolfgang von Goethe (1749-1832) e Johann Christoph Friedrich von Schiller (1759-1805), conhecedor de diversas línguas européias e clássicas. Estudou o sânscrito, mas também línguas na época consideradas exóticas, como o basco, o chinês, o tártaro, o japonês, o birmano, línguas nativas americanas e línguas semíticas, etc. Fundou a Universidade de Berlim – a *Humboldt Universität zu Berlin* –, na qual introduziu representantes da "Nova Lingüística", como o comparatista Bopp.

Na tentativa de analisar e classificar o pensamento de Humboldt, chegou-se comumente à conclusão de que ele foi um pensador genial, mas obscuro e difícil. Por um lado, interessou-se pela descrição das línguas e preconizou que fossem classificadas em função de sua estrutura ou organismo, seguindo a corrente comparatista, dominante na Alemanha na primeira metade do século XIX. Como outros lingüistas do seu tempo, com essa classificação tipológica, Humboldt queria compreender melhor a formação das línguas e voltar à *língua-mãe*. No entanto, suas preocupações não podem ser totalmente assimiladas às de seus contemporâneos. Para ele, o trabalho comparativo e histórico só comprovaria a hipótese metafísica que via a linguagem como um dom, algo inato e inerente ao espírito humano, cuja causa original seria insondável.

Humboldt foi certamente um produto do seu tempo. Como muitos lingüistas de então, acreditava na superioridade da língua original – da qual o sânscrito era a mais próxima – e na sua progressiva decadência e corrupção. Situando-se na herança de Johann Gottfried Von Herder (1744-1803), foi fortemente influenciado pela ideologia do romantismo alemão, ensejada pelas necessidades políticas e econômicas da unificação nacional germânica, segundo a qual a riqueza cultural viria do povo. Defendia que a língua formara o pensamento coletivo, expressando a alma nacional. Assim sendo, a diversidade das línguas registraria e expressaria a diversidade das mentalidades e visões de mundo.

Para Humboldt, a comparação das estruturas das línguas mostraria que algumas mentalidades são superiores devido à superioridade da estrutura de sua língua. Essas afirmações inseriam-se perfeitamente no contexto filosófico, epistemológico e sócio-histórico do neocolonialismo europeu que, na segunda metade do século XIX, assumiria caráter claramente imperialista. A tipologia proposta em 1808 pelo lingüista alemão Friedrich von Schlegel (1772-1829), fundada na produtividade relativa dos radicais, levara-o a dividir as línguas do mundo em flexionais (com radicais) e não-flexionais [sem radicais] e a propor a superioridade das primeiras sobre as segundas.

Segundo Calvet, com as reservas necessárias, é impossível não estabelecer algum paralelo entre as teses de Humboldt sobre a superioridade de certos povos, derivada da superioridade estrutural de suas línguas, com as teorias de comparatistas que preconizavam a maior perfeição das línguas indo-européias ou *arianas* (que significava "nobres" em sânscrito), com as teses do *darwinismo social* e de ideólogos como Gobineau que defendiam a superioridade da raça ariana sobre as demais.

A teoria de Humboldt da diferença entre a forma externa das línguas (constituída de sons) e sua forma interna (*Innere Sprachform*) inspirou diversas correntes de pensamento lingüístico nos séculos XIX e XX. Humboldt considerava que língua e pensamento eram indissociáveis. Assim sendo, a estrutura gramatical e semântica interna da língua conformaria a maneira como os indivíduos conceberiam o mundo. Ele afirmava que a essência da língua era sua forma interna, atividade criadora, dinâmica (*energeia*) e não o produto dessa atividade (*ergon*).

Karl Vossler (1872-1949) e Leo Spitzer (1887-1960) foram os principais sucessores de Humboldt. A escola *Idealistische Neuphilologie*, fundada por Vossler, rejeitava o positivismo lingüístico, colocando em um primeiro plano a componente estética, o gosto lingüístico, isto é, a forma *interior* da língua. Alguns analistas consideram que Humboldt e seus discípulos eram mais filósofos do que propriamente lingüistas. Segundo Mounin, Humboldt sonhava em escrever não uma gramática comparada, mas uma antropologia comparada e o estudo das línguas, para ele, teria apenas esse objetivo. Muitos especialistas consideram Humboldt o primeiro verdadeiro lingüista geral. Foi forte a influência do pensador prussiano na Gramática Gerativa de Chomsky.

No livro *Marxismo e filosofia da linguagem,* de 1929, os lingüistas marxistas soviéticos Bakhtin e Volochinov analisaram e criticaram a orientação da reflexão lingüístico-filosófica inaugurada por Humboldt, que denominaram de *subjetivismo individualista,* reconhecendo, no entanto, que influenciou toda a Lingüística. As principais críticas do Círculo de Bakhtin a Humboldt dizem respeito à sua visão idealista e individualista. No livro *Estética e teoria do romance,* Bakhtin cita o *ideologismo* de Humboldt como parte de corrente de pensamento que expressaria, com diversas nuances, as mesmas forças centrípetas da vida social, lingüística e ideológica, servindo para a tarefa de centralização e unificação das línguas européias, exigidas e determinadas pelo processo de centralização nacional.

CAPÍTULO III

A Lingüística Estruturalista

> As idéias da classe dominante são também, em todas as épocas, as idéias dominantes, isto é, a classe que é a potência *material* dominante da sociedade é também a potência dominante *espiritual*. *A classe que dispõe dos meios da produção material dispõe, também, dos meios da produção intelectual e [...], conseqüentemente, as idéias daqueles que se vêem recusados os meios de produção intelectual são submetidas a essa classe dominante.*
>
> (MARX; ENGELS, 1972, p. 87)

Os autores do dicionário *Aurélio* definem o estruturalismo como uma "posição inovadora dos estudos lingüísticos da primeira metade do século XX, que considerava a língua como um sistema estruturado por relações formais e não evidentes para a consciência do falante e, que, metodologicamente, preconizava a observação do maior número de fatos, de modo a fundamentar proposições que, pela generalização rigorosa, viabilizassem a descoberta da estrutura" subjacente.

Em *A lingüística estruturalista,* o lingüista italiano Giulio Lepschy afirma que, de um ponto de vista filosófico-epistemológico, na descrição dos fatos lingüísticos, a grande inovação do estruturalismo foi a "utilização heurística de modelos" baseados na abstração de determinados aspectos, considerados pertinentes, "sempre escolhidos entre os que são comuns a categorias inteiras de fatos lingüísticos". Nesse sentido, a Lingüística Estruturalista se caracterizaria pela sua abstração e pela sua generalidade, opondo-se à busca do concreto e do particular, objetivo central de grande parte da Lingüística tradicional. Também o fonologista Trubetzkoy

(1890-1938) falava de uma nova *Lingüística sistêmica* que pesquisaria "as leis, as mais gerais possíveis, em matéria de linguagem", em oposição à *Lingüística Atomista* dos séculos precedentes, que se interessava a fatos lingüísticos isolados.

Em razão do contínuo desdobramento das palavras e de seus conteúdos referenciais, é possível encontrar hoje outras definições do Estruturalismo e da Lingüística Estruturalista. Em geral, durante o século XX, a Lingüística Estruturalista tem sido assimilada à Lingüística Científica e, portanto, proposta como a única Lingüística possível. É também geralmente aceito que essa Lingüística organizou-se formalmente como ciência com a divulgação do Curso de lingüística geral proferido por Ferdinand de Saussure, na Universidade de Genebra, na Suíça, entre 1906 e 1910.

Como já assinalado, a passagem para a Lingüística Estruturalista ou sistêmica não foi repentina, homogênea ou generalizada. A corrente neogramática continuou encontrando adeptos durante a primeira metade do século XX e, sobretudo, na segunda metade do século, outras escolas ocuparam o cenário das ciências da linguagem, ao lado da corrente estruturalista. Alguns consideram que Saussure representou uma descontinuidade; outros, como Mounin, vêem na Lingüística uma evolução contínua e afirmam que Saussure não inventou a Lingüística Geral, mas apenas continuou uma tradição. Gadet e Pêcheux também se perguntam: "Saussure teria feito algo diferente do que apenas fixar a novidade progressivamente surgida ao longo do século XIX? Haveria, de fato, uma revolução saussuriana?"

Acreditamos que as preocupações e as elaborações teóricas atribuídas a Saussure não podem ser desvinculadas das proposições de outros lingüistas contemporâneos e predecessores. Nesse sentido, Weedwood sugere que o "termo estruturalismo tem sido usado como um rótulo para qualificar certo número de diferentes escolas de pensamento lingüístico", portanto é "necessário fazer ver que ele tem implicações um tanto diferentes segundo o contexto em que é empregado". Para essa pesquisadora, o que unifica as diversas correntes da Lingüística Estruturalista é que o objeto "é definido pelo viés do elemento 'abstrato', 'universalista', 'sistêmico', 'formal' (a *langue* para Saussure, a *competência* para Chomsky)".

As noções de sistema e de arbitrariedade do signo lingüístico nos precursores do estruturalismo

Em *História do estruturalismo*, o historiador François Dosse propõe que, segundo renomados lingüistas franceses que entrevistou, como Claudine Normand, Jean-Claude Coquet, Sylvain Auroux e André Martinet (1908-1939), a maioria dos lingüistas do final do século XIX já estaria convencida da *arbitrariedade* e do *convencionalismo* do signo, podendo se dizer o mesmo da oposição *diacronia/sincronia*, idéias, portanto, em gestação antes de Saussure apresentar sua visão sobre elas, especialmente na dialetologia, onde, na falta de documentos escritos, era preciso trabalhar em sincronia. A própria noção de *sistema* preexistiria a Saussure, que teria apenas sistematizado essa idéia e reduzido seu campo de estudos ao sistema sincrônico.

Para o lingüista estadunidense William Dwight Whitney (1827-1894), sanscritista e lexicógrafo, elogiado mas também objeto de crítica por parte de Saussure, a principal distinção entre comunicação animal e linguagem humana seria que, na última, os signos são arbitrários e convencionais. Preanunciando a visão sistêmica de Saussure, sem atingir a precisão dele, Whitney compreendia a linguagem verbal como um corpo orgânico, um conjunto de partes ligadas umas às outras, em relação de ajuda recíproca, um sistema. Ele também já alertava para a necessidade de se considerar pertinente na análise dos sons, não o produto físico dos órgãos fonadores, mas o som portador de significado, o que viria mais tarde a ser chamado de fonema. Num texto manuscrito, rascunho de artigo sobre Whitney, publicado por Engler na sua edição crítica do *Curso de lingüística geral*, Saussure teria precisado que, ao reconhecer na linguagem uma instituição humana, Whitney mudou o eixo da Lingüística.

Jan Ignacy Baudouin de Courtenay (1845-1929) foi outro precursor do estruturalismo. Além de lingüista, foi político progressista, defensor das minorias oprimidas, preso em 1914, na Rússia tzarista, em razão de seu liberalismo: uma espécie de Chomsky do início do século XX. Polonês de nascença, contemporâneo de Saussure, viveu e trabalhou em diversos países, transcorrendo parte de sua carreira na universidade de São Petersburgo, na Rússia, onde lecionou em 1868 e de 1900 a 1920. Em 1869, Baudouin de Courtenay publicou um artigo no qual afirma que os sons da língua exercem uma função distintiva e que é necessário distinguir uma disciplina fisiológica, dedicada aos sons, de outra, psicológica, voltada ao estudo das imagens fônicas na suas funções lingüísticas.

As idéias de Baudouin de Courtenay sobre o sistema fonológico da língua foram divulgadas sobretudo por Trubetzkoy, a partir de 1933, e, a seguir, por inúmeros lingüistas soviéticos, influenciados por ele. Roman Jakobson (1896-1982) reconhecia que, apesar das contradições da doutrina de Baudouin de Courtenay, ele e sua escola foram, sem dúvida, responsáveis pela primeira noção do estudo funcional dos sons, isto é, a noção de *fonema*. De fato, em 1869, Baudouin de Courtenay, com a colaboração de seu aluno Mikolaï Kruszewski (1851-1887), evidenciara a natureza lingüística do fonema. Aqueles lingüistas pioneiros propuseram a necessidade de distinguir o som que o falante pronuncia daquele que ele acredita pronunciar e que o auditor acredita ouvir. Para Baudouin, enquanto o estudo dos sons pertenceria à Física e a Fisiologia – a *Fisiofonética* –, os fonemas, representações abstratas equivalentes psíquicas dos sons, deveriam ser estudados por uma ciência autônoma, a *Psicofonética* que, entre todas as características dos sons físicos, levaria em consideração apenas as que provocam uma impressão psíquica comum a todos os falantes de uma língua.

Em relação à distinção entre sincronia e diacronia, Baudouin já propunha igualmente a legitimidade de uma Lingüística Descritiva e Estática, sem conotação normativa, paralela à Lingüística Histórica ou Dinâmica. É dele a famosa proposição de que "não se pode ser um bom paleontólogo se, antes, não se estudou a biologia". Mas, contrariamente ao Saussure do *Curso de lingüística geral*, Baudouin não considerava pertinente uma separação entre as duas Lingüísticas, convicção que compartilhava com a maioria de seus contemporâneos.

Segundo Mounin, Saussure e Baudouin conheciam-se, ao menos desde 1881, quando Saussure participou da sessão em que Baudouin foi eleito membro da Sociedade de Lingüística de Paris. Nas notas biográficas e críticas sobre Saussure, que o lingüista italiano Tullio de Mauro introduz à edição italiana do *Curso de lingüística geral*, lê-se igualmente que Baudouin estava presente na sessão de 3 de dezembro de 1991 da Sociedade Lingüística de Paris, quando Saussure proferiu uma conferência sobre a fonética do dialeto de Friburgo. Baudouin de Courtenay é também citado por Saussure na sua primeira conferência na universidade de Genebra, em novembro de 1891, como um dos lingüistas que mais fizeram avançar o conhecimento da linguagem.

Desde 1903, nas suas aulas universitárias, o lingüista francês Antoine Meillet (1866-1936) já defendia a língua como um sistema onde tudo se atém. Essa proposta constituía uma novidade em uma era em que a língua costumava ser comparada a um ser vivo. Para Meillet, dentro do sistema língua, haveria outros sistemas (fonológico, morfológico, etc.) e, dentro deles, outros mais, como os sistemas do nome, do verbo etc. Meillet também teria falado em *estrutura*.

Representante mais exemplar: Saussure

Ferdinand de Saussure nasceu em Genebra, na Suíça, em 1857, no seio de uma família de intelectuais protestantes. Com 18 anos, iniciou estudos lingüísticos em Berlim e Leipzig, na Alemanha, onde, com 21 anos, defendeu uma dissertação sobre o sistema primitivo das vogais nas línguas indo-européias e, três anos mais tarde, uma tese de doutorado sobre o uso do genitivo absoluto em sânscrito. Com dezenove anos, já estava filiado à Sociedade de Lingüística de Paris, fundada em 1876, onde tinha cargo administrativo e apresentou diversos trabalhos, ainda influenciados por teorias e lingüistas ligados à Lingüística histórico-comparatista, entre eles Bopp e Schleicher.

Durante onze anos, de 1880 a 1891, Saussure foi professor da prestigiosa *École pratique des Hautes Études* de Paris, onde ensinou o gótico, o antigo alto alemão e o lituano, além de gramática comparada do grego e do latim. Cedeu o cargo a Antoine Meillet quando deixou a França para voltar a Genebra, cuja universidade criara uma cadeira especial para ele. Ali, ensinou sânscrito e línguas indo-européias, fonologia do francês moderno e versificação francesa, oferecendo até mesmo um curso sobre os *Nibelungen*. Em dezembro de 1906, na mesma universidade, ficou igualmente responsável da disciplina de Lingüística Geral, que se materializou sob forma de três cursos – de janeiro a junho de 1907; de novembro de 1908 a junho de 1909 e de outubro de 1910 a julho de 1911. Parte desses três cursos constituiria a base do célebre e polêmico *Curso de lingüística geral*.

Ferdinand de Saussure é considerado pai da Lingüística Estruturalista. Paradoxalmente, os dois únicos trabalhos publicados sob sua autoria inscrevem-se na tradição da Lingüística histórico-comparatista, com a ressalva de que, segundo especialistas, já apresentavam alguns dos princípios gerais definidos mais tarde no *Curso*, entre eles a noção de sistema e da natureza opositiva e relacional das entidades lingüísticas. Editado em 1916, três anos após a morte de Saussure, o *Curso de lingüística geral* foi redigido por Charles Bally (1865-1947) e Albert Sechehaye (1870-1946), também docentes da Universidade de Genebra, a partir de parte das anotações de um estudante, Albert Riedlinger, que assistira às aulas de Lingüística Geral proferidas por Saussure. Nesse sentido, o *Curso de lingüística geral* constitui um registro-interpretação, por Charles Bally e Albert Sechehaye, do proposto por Ferdinand de Saussure, a partir das notas de apenas um aluno.

Saussure foi um pensador paradoxal, cujo pensamento só agora começa a ser conhecido. Em 1894, numa carta a Meillet, Saussure deixava entender que, para ele, a Lingüística Geral seria apenas um instrumento analítico para trabalhar outros domínios, como a descrição das línguas e a pesquisa histórico-lingüística e etnolingüística, suas paixões. Paradoxalmente, à busca das leis gerais da linguagem, isto é, à Lingüística Geral, da qual é considerado o fundador, Saussure dizia preferir o "lado pitoresco de uma língua, que faz que ela difere de todas as outras como pertencente a um certo povo com certas origens". Essa preferência seria confirmada por seu desconcertante esforço intelectual registrado em uns 150 cadernos sobre o caráter *anagramático* de versos latinos, gregos, védicos e sobre a estrutura da legenda dos *Nibelungen*. Nesses escritos, ele procurou inutilmente encontrar anagramas (nomes de deuses, de cidades, de escritores etc.) veiculando mensagens não denotadas diretamente pelos textos.

Após sua volta à Suíça em 1891, Saussure teria se refugiado em um quase absoluto silêncio, não publicando mais nada. Segundo a opinião de Meillet, o lingüista sofria de perfeccionismo obsessivo e patológico que lhe impedia de publicar pesquisas que não fossem rigorosamente comprovadas. Segundo Benveniste e outros especialistas, Saussure teria defrontado a incompreensão de seus pares quanto às idéias inovadoras que tomavam forma sobretudo durante suas aulas de Lingüística Geral. A tudo isso deve-se, segundo Mounin, agregar graves problemas pessoais e familiares.

Ferdinand de Saussure não escreveu o livro publicado em 1916, sob seu nome. Como já assinalado, o *Cours de linguistique générale* foi redigido por seus colegas Charles Bally e Albert Sechehaye, a partir de parte das anotações de um único estudante, Albert Riedlinger. Segundo o lingüista francês Simon Bouquet, enquanto a publicação do *Curso* estava sendo preparada, havia outro projeto de edição do pensamento saussuriano, organizado por Antoine Meillet, a partir das anotações de outro estudante, Paul Regard, que também assistira às mesmas aulas. A proposta de Meillet não teria se concretizado em razão da oposição de Charles Bally.

Logo após a publicação do *Curso,* começaram a surgir dúvidas quanto à sua fidelidade em relação aos reais ensinamentos de Saussure. Em 1919, no prefácio de sua tese de doutorado, Paul Regard declarou não ter reconhecido no *Curso de lingüística geral* as lições do mestre, sobretudo no que dizia respeito à separação da mudança lingüística das condições externas das quais depende. Do mesmo modo, em carta a um colega, Riedlinger, cujas anotações serviram de base à elaboração do *Cours*, revelou seu estranhamento em relação ao modo como os editores interpretaram o pensamento de Saussure. Lamentou, também, a decisão de não inserir no livro a longa introdução de Saussure proferida quando do segundo curso, de 1908-1909, que, para ele, continha a essência do pensamento filosófico saussuriano.

A seguir, muitos outros lingüistas evidenciaram incoerências no *Curso*. Entre eles, o russo Roman Jakobson, que enfatizou contradições na maneira de conceber e descrever os aspectos fônicos da linguagem. Segundo o pensador russo, essas contradições se deveriam ao posicionamento epistemológico de Saussure, mas igualmente à má interpretação de seu pensamento pelos redatores. Por exemplo, no capítulo 7 da Introdução, a fonologia é identificada à fisiologia dos sons enquanto que, algumas linhas abaixo, afirma-se que o lingüista não deve interessar-se aos movimentos do aparelho fonador necessários para produzir as impressões acústicas, mas ao jogo das oposições fônicas que permitem distinguir uma palavra de todos as outras.

Três importantes estudos contribuem para desvendar os problemas da redação do *Curso*. O primeiro, de 1957, de Robert Godel, refere-se às fontes manuscritas do *Curso*. O segundo, de 1968, de Rudolf Engler, constitui uma comparação entre as notas de Saussure, os cadernos dos estudantes e o *Curso de lingüística geral*. Em 1995, Tullio de Mauro apresentou igualmente, na edição italiana do *Curso*, além de amplos comentários pontuais, diversos anexos com notas biográficas e críticas, ilustradas por trechos dos manuscritos saussurianos. Em fins de 1990, os lingüistas Rudolf Engler e Simon Bouquet criaram o programa *Arquivos Ferdinand de Saussure* e, em 1999, fundaram o Instituto Ferdinand de Saussure, em Genebra e Paris.

Três anos antes, foram descobertos, na casa de Saussure em Genebra, diversos manuscritos, entre eles um projeto de livro de Lingüística Geral, intitulado *Da dupla essência da linguagem*, que foram publicados, em 2002, junto com outros manuscritos mais antigos (da coleção Engler), sob o título *Escritos de lingüística geral*.

Em muitos pontos, os textos manuscritos contradizem o *Curso de lingüística geral,* que passou para a História como o texto fundador da Lingüística do século XX.

Segundo Bouquet, organizador com Rudolf Engler de *Escritos de lingüística geral,* sobretudo os últimos manuscritos descobertos confirmam que o *Curso de lingüística geral* distorce, contradiz e simplifica o pensamento de Saussure, seja em relação à sua reflexão sobre a natureza da linguagem e à definição de conceitos fundamentais – *arbitrário do signo, valor lingüístico, língua,* etc. –, seja em relação às considerações de caráter metodológico, sobre a necessidade de construção de uma nova ciência capaz de tratar da linguagem enquanto mecanismo de significação.

Nos documentos manuscritos, muitas vezes incompletos e confusos, retomados nos *Escritos,* transparece sobretudo a preocupação de Saussure em definir o método mais pertinente para que a Lingüística chegasse à verdadeira natureza da linguagem verbal, à sua essência. Segundo Bouquet, após ler esses documentos, parece pouco provável que a famosa definição da Lingüística, apresentada em conclusão do *Curso,* como de uma "ciência da língua considerada nela mesma e por ela mesma" seja da autoria de Saussure.

No projeto de livro intitulado *Sobre a essência dupla da linguagem* e nos manuscritos dos cursos realizados em Genebra, as considerações metodológicas de Saussure apresentam-se num estado ainda bastante embrionário, contrariamente à teoria acabada apresentada no *Curso.* Por exemplo, nos manuscritos, se o autor parece ser categórico em afirmar a necessidade de diferenciar as perspectivas metodológicas sincrônica e diacrônica, a primeira considerada a única maneira pertinente de se estudar o funcionamento de um estado de língua, ele também enfatiza a relação dialética existente entre o estudo geral do mecanismo da língua – na sua universalidade e enquanto exercício e faculdade da linguagem – e o estudo histórico-descritivo do maior número possível de línguas.

Nos manuscritos e conversas com alunos, Saussure é explícito quanto às suas dúvidas teórico-metodológicas. Para Riedlinger, em 1909, no momento da realização do segundo curso, ele teria comunicado sua hesitação em fazer afirmações definitivas sobre a linguagem, em razão do caráter não-definitivo de suas idéias e do perigo de enunciar visões sobre a linguagem, sem ter a capacidade de coordenar o todo num sistema. Além disso, nesses escritos e em outros, o lingüista suíço exprime reiteradas vezes sua insatisfação em relação à terminologia a ser utilizada na Lingüística, já que, para ele, "a palavra seria o principal elemento perturbador da ciência das palavras".

Calvet lembra que o plano do *Curso de lingüística geral,* redigido e editado por Bally e Sechehaye, parece ter se baseado preponderantemente em anotações tomadas por Riedlinger durante o terceiro curso realizado no ano letivo 1910-1911, que pode ter representado o estado mais avançado do pensamento de Saussure, já que retomava e integrava os dois cursos anteriores. Como rigorosamente especificado nas notas manuscritas relativas ao terceiro curso, Saussure quis iniciar com um plural – as línguas, "objeto concreto que se oferece, na superfície do globo, ao lingüista" – para chegar a um singular – a língua, o "título que se pode dar ao que o lingüista souber tirar de suas observações sobre o conjunto das línguas, através do tempo e através do espaço".

A seguir, no mesmo curso de 1910-1911, Saussure se aprofundou em longas considerações sobre a variação das línguas no espaço e no tempo e sobre a necessidade de cindir a Lingüística em duas ciências, em função de "dois eixos em que as coisas existem": "o eixo das contemporaneidades (em que se pode fazer *desaparecer* o fator Tempo) e o eixo das sucessividades (coisas x Tempo)". Somente no final do curso, introduzia a famosa dicotomia entre língua e fala, lembrando que "seria apenas a língua tomada fora de sua realidade social, irreal, já que, para que haja língua, é preciso uma massa falante que se sirva da Língua".

Os redatores e editores do *Curso* não respeitaram essa progressão aparentemente tão importante para Saussure. Após dois capítulos sumários sobre uma visão geral da Lingüística e sobre a matéria e tarefa dessa disciplina e suas relações com as ciências conexas, os editores apresentaram a questão do objeto da Lingüística, com a definição da "língua-*langue*" e a introdução descontextualizada da dicotomia "língua-fala". Desse modo, o primeiro e principal discurso do *Curso de lingüística geral*, que passaria à posteridade e teria uma importância extrema para a Lingüística, com implicações profundas no ensino das línguas maternas e estrangeiras, seria a necessidade de tomar a *língua* como norma de todas as outras manifestações da linguagem.

Para os editores do *Curso*, intrinsecamente, os fenômenos lingüísticos teriam duas faces inseparáveis: as impressões acústicas e as idéias a elas associadas – significantes e significados. Além disso, possuiriam, também necessariamente, um lado individual e um lado social. Enfim, possuiriam sempre um sistema estabelecido (na sincronia) e uma evolução (na diacronia). Como o objeto da Lingüística nunca se apresentaria de maneira integral, "se estudarmos a linguagem sob vários aspectos ao mesmo tempo", ela "nos aparecerá como um aglomerado confuso de coisas heteróclitas, sem liame entre si".

Os editores solucionam essa contradição colocando-se no terreno da *língua*. Desde o início do *Curso*, apresentam uma primeira dicotomia que oporia a linguagem em geral às línguas específicas. Estas, por sua vez, seriam caracterizadas por uma outra dicotomia: entre a *língua* propriamente dita e a *fala*. Uma *língua* compreendida como tesouro social, sistema de unidades e regras, pertencente a todos os falantes e uma *fala* tida como fato individual, realização variável em cada falante, nos limites das possibilidades de compreensão recíproca.

Após privilegiar a *língua* como objeto da Lingüística e defini-la como um *sistema de signos*, o *Curso* apresenta substancialmente a análise da natureza do signo, definindo-o como a associação de duas entidades psíquicas e não-físicas. Ou seja, a associação, *arbitrária* e *convencional*, de um *significante*, *imagem acústica*, com um *significado*, ou *conceito*. Na *língua*, seria preciso distinguir as séries associativas *in absentia* das séries associativas *in presentia*. As primeiras seriam classes de unidades disponíveis na memória, reunidas em um eixo *paradigmático*. As segundas estariam presentes na cadeia falada, em um *eixo sintagmático*. Sempre segundo o *Curso*, do ponto de vista teórico-metodológico, se imporia o estudo sincrônico da língua, em um estado estável, em um determinado momento. Em verdade, o estudo da evolução histórica de diversos estados de *língua* deixaria de pertencer à Lingüística propriamente dita.

Uma outra dicotomia essencial da natureza da *língua* proposta pelo *Curso de lingüística geral* seria o fato de que a língua constituiria não *substância*, mas *forma*. Ou seja, as unidades constitutivas do sistema funcionariam como signos apenas na medida em que se distinguem uns dos outros, e não devido a uma relação com um referente do mundo real. Essa noção de *valor* determina que, em cada língua, haja representações diferentes ligadas a palavras que podem parecer análogas. A palavra portuguesa *carneiro* tem o mesmo significado que a palavra inglesa *sheep*, mas não o mesmo valor, já que, esta última tem a seu lado o termo *mutton,* que significa uma porção de carne de carneiro servida à mesa. O conjunto dessas oposições constitui um sistema no sistema, e cada língua pode ser analisada em função de seu sistema de sons, de regras morfossintáticas e lexical.

É de se esperar que, num futuro próximo, estudiosos desvendem as falhas de interpretação do *Curso*, não apenas no intuito de restabelecer a real contribuição do homem Saussure às ciências da linguagem, mas igualmente afim de levantar as inúmeras contradições e incongruências do *Curso*, que tornam sua leitura tão problemática, entre elas a extrema e absoluta redução do objeto da Lingüística, aparentemente estranha à visão do filósofo da linguagem genebrino.

Outras correntes do estruturalismo em lingüística

Não é simples tentar definir o conteúdo referencial da expressão *Lingüística Estruturalista*. No século XX, várias ciências sociais, em particular a Antropologia [cf. Claude Lévi-Strauss (1908-)], reivindicaram-se do estruturalismo, elegendo um objeto abstrato e sistêmico como centro de seus estudos. Na própria

Lingüística daquela centúria, correntes distintas quanto ao objeto e ao método foram sumariamente classificadas como estruturalistas. Em geral, os lingüistas estruturalistas não seguiram à risca os princípios teórico-metodológicos do *Curso de lingüística geral*. Mesmo convictos da existência de uma estrutura relacional abstrata subjacente, distinta dos enunciados reais, que deveria ser o objeto primordial da Lingüística, muitos estudiosos não se restringiram ao estudo sincrônico das línguas. Outros não focalizaram o sistema em si, mas os valores funcionais da estrutura lingüística. Veremos que outros ainda insistiram tanto no caráter abstrato do sistema que procuraram eliminar toda a substância semântica do estudo da língua.

Weedwood identifica uma diferença essencial entre a Lingüística Estruturalista européia e a estadunidense. Em uma primeira fase, nos Estados Unidos, na sua maioria, os lingüistas teriam procurado um método formal para analisar as centenas de línguas indígenas, sobretudo ágrafas, já que pouco conhecidas ou desconhecidas dos investigadores. Não raro com pouquíssimos falantes, muitas dessas línguas precisavam ser registradas antes da extinção. Lingüistas como Franz Boas (1858-1942), Edward Sapir (1884-1939) e Leonard Bloomfield (1887-1949) foram os principais representantes dessa corrente. No século XX, a segunda fase da Lingüística Estruturalista estadunidense seria caracterizada pelos trabalhos de Noam Chomsky.

Na Europa, um dos principais seguidores do estruturalismo supostamente inaugurado por Ferdinand de Saussure foi o Círculo Lingüístico de Praga, oficialmente fundado em 1928, com um manifesto apresentado no Primeiro Congresso Internacional de Lingüística em Haia (Holanda), por iniciativa do tcheco Vilem Mathesius (1882-1945). Assinaram o manifesto lingüistas russos, como Roman Jakobson, Nikolaï Sergeevic Trubetzkoy e Sergej Karcevsky (1884-1955); franceses, como Emile Benveniste e André Martinet; alemães, como Karl Bühler (1879-1963), etc. O Círculo Lingüístico de Praga assumiu abertamente posições metodológicas estruturalistas, mesmo com variações e divergências em relação ao *Curso de lingüística geral*.

Como no *Curso*, os lingüistas do Círculo privilegiavam a análise sincrônica dos fatos linguageiros, apesar de não porem barreiras intransponíveis entre os pontos de vista diacrônico e sincrônico. Jakobson preferia a noção de sincronia dinâmica, mostrando que "sincronia não é igual a estático". Os membros do Círculo de Praga preconizavam igualmente o uso do método comparativo, não apenas com fins diacrônicos, mas também para descobrir as leis que eles consideravam estruturais aos sistemas lingüísticos.

Partindo da idéia de que a língua teria um caráter de finalidade, o Círculo substituiu a noção saussuriana de *sistema* pela de *sistema funcional*, um sistema de meios de expressão apropriados à intencionalidade do sujeito de se expressar e comunicar. Os praguistas privilegiaram o estudo das unidades fônicas, evidenciando a necessidade de distinguir três aspectos do som: o fato físico objetivo; a representação (isto é, a noção de *imagem acústica do Curso*); o elemento do sistema funcional (aspecto privilegiado pelos membros do Círculo). O principal avanço do Círculo de Praga em relação ao *Curso de lingüística geral* foi a proposta de que as imagens acústicas, ou seja, a representação do som na mente do falante, possuiriam uma importância relativa no que se refere à sua função de diferenciação do significado. O Círculo, e mais especificamente Trubetzkoy, definiu igualmente o fonema como um conjunto de traços fonológicos pertinentes, que o opõe a todos os outros fonemas.

As concepções fonológicas do Círculo de Praga foram tão inovadoras que muitas histórias da Lingüística limitam-se à análise desse aspecto de suas atividades. No entanto, os membros do Círculo caracterizavam-se por interesses muito vastos. Roman Jakobson, o mais pluridisciplinar dos lingüistas estruturalistas, é um ótimo exemplo. Ele participou da fundação e colaborou, respectivamente, com o Círculo Lingüístico de Moscou, em 1915, e com o Círculo *Opayaz*, de São Petersburgo, em 1917, ambos dedicados ao estudo da linguagem poética, do qual Bakhtin e Volochinov também eram membros. Jakobson interessava-se pela interação entre línguas naturais e linguagem poética e literária e era extremamente aberto à Antropologia, o que explica sua amizade e colaboração com o famoso antropólogo francês Claude Lévi-Strauss. Isso justifica igualmente seu interesse pelo estudo da estrutura e pela busca da coerência interna das línguas americanas nativas, questões estudadas igualmente pelos lingüistas e antropólogos estruturalistas estadunidenses Edward Sapir e Franz Boas.

Jakobson sempre foi partidário da necessidade de abrir a Lingüística Geral ao campo dos processos de significação. A partir de modelo teórico elaborado pela teoria da comunicação, deduziu que a cada um dos componentes que o ato de comunicação põe em jogo – emissor, receptor, canal, código, referente, mensagem – corresponderia uma função da linguagem – expressiva, conativa, fática, metalingüística, referencial, poética – e diversos processos gramaticais e estilísticos. Essas funções, que se tornaram percurso tradicional das disciplinas de Lingüística dos cursos de Letras, foram, mais tarde, objeto de muitas críticas.

Como já dito, o conceito de fonema elaborado por Jakobson e Trubetzkoy, já fora vislumbrado, entre outros, por Baudouin de Courtenay. É importante lembrar igualmente que, nos manuscritos de Saussure recentemente encontrados em sua casa de Genebra, sob reserva de um estudo mais aprofundado, a intuição do lingüista a respeito da noção de fonema parece menos contraditória do que a apresentada no *Curso*. Por exemplo, no projeto de livro *Sobre a essência dupla da linguagem*, Saussure refere-se ao fenômeno da *flutuação fonética*, segundo ele "totalmente característico do princípio negativo que está no fundo do mecanismo da língua".

A Dinamarca produziu lingüistas de renome, sobretudo histórico-comparatistas, como Ramus Rask, Otto Jespersen (1860-1943) e Holger Pedersen (1867-1953). Os representantes da *Escola de Copenhague* ou *Círculo Lingüístico de Copenhague*, entre eles Viggo Bröndal (1887-1942) e Louis Hjelmslev (1899-1965), apesar de herdeiros dessa tradição, trabalharam principalmente sob a influência da Lingüística Estruturalista inaugurada pelo *Curso de lingüística geral*, cujos princípios teórico-metodológicos aplicaram e desenvolveram com ortodoxia. Criada em 1938, a revista *Acta lingüística. Revista Internacional de Lingüística estrutural* é considerada como a estréia da Escola de Copenhague.

Nesse Círculo, era muito forte o interesse pela lógica filosófica e matemática. Tal fato levou seus membros a procurar fórmulas de tipo algébrico, independentes do sentido das palavras, para a explicação dos fenômenos lingüísticos, a fim de construir uma Lingüística Geral aplicável a todos os tempos e lugares. Contrária à tradição historicista e materialista-dialética, na qual os fenômenos sociais não podem ser descritos com leis exatas, próprias às ciências da natureza, a Escola de Copenhague propunha abandonar a realidade extralingüística e preconizava que o esforço do lingüista se concentrasse na busca de uma estrutura subjacente a todos os fenômenos linguageiros, independentemente de toda e qualquer referência à experiência.

A teoria *glossemática* elaborada pela Escola de Copenhague procurava descrever essa estrutura com algumas poucos princípios. Os fenômenos linguageiros poderiam ser reduzidos a um número limitado de elementos, que entrariam constantemente em diversas combinações. Esses elementos seriam classificados segundo um número finito de combinações possíveis. A glossemática destacou-se pela novas denominações dadas às categorias da Lingüística. Os fonemas foram chamados de *cenemi*, do grego *kenós*, vazio, sem substância; a fonologia, denominada inicialmente de *fonemática*, passou a ser chamada *cenemática*; os monemas ou morfemas – menores unidades significativas – foram batizados de *pleremi*, do grego *pléros*, cheio, etc.

Os dinamarqueses assumiram plenamente a opção do *Curso de lingüística geral* pela sincronia, por considerar os elementos como simultâneos e, portanto, observar sua estabilidade, unidade e coerência. Quanto ao objeto da Lingüística, Bröndal e Hjelmslev reafirmaram a dicotomia *língua/fala,* que forneceria à Lingüística a necessária abstração e generalização de todos os casos particulares e manifestações individuais. Sobre a natureza do objeto *língua*, o Círculo enfatizou a noção de *estrutura* auto-suficiente e reformulou a dicotomia *significante/significado* em *expressão/conteúdo*, com o intuito de dissociar os dois níveis de análise, os níveis da expressão e do conteúdo.

André Martinet freqüentou a Escola de Copenhague, participou das elaborações do Círculo de Praga e interessou-se, sobretudo, pela fonologia, que ele ensinou na *École Pratique des Hautes Études* de Paris, onde, como já assinalamos, Saussure e Meillet foram professores. Após a II Guerra Mundial, Martinet deixou a França pelos Estados Unidos, reencontrando-se com Jakobson, seu antigo colaborador e amigo, que ali vivia desde 1941. Em Nova York, de 1947 a 1955, Martinet dirigiu *Word*, a maior revista de Lingüística estadunidense e lecionou na prestigiosa Universidade de Columbia. Em 1955, voltou para a França, onde os meios acadêmicos ainda mantinham reticências em relação à Lingüística Estruturalista, da qual fora um dos principais divulgadores.

Martinet manteve-se mais próximo do Círculo de Praga do que das propostas do *Curso de lingüística geral*. Entrevistado pelo historiador François Dosse, declarou que não havia o "menor sentido em fazer estruturalismo em Lingüística se não for funcional" e que, mesmo sendo saussuriano e admirador de Saussure, não o considerava o fundador do estruturalismo. A obra mais conhecida de Martinet é *Elementos de Lingüística Geral*. Entretanto, os aspectos mais inovadores de seu pensamento encontram-se em *Economia das mudanças lingüísticas*, tratado fundamental de fonologia diacrônica, publicado na França em 1955.

Martinet criticou o Saussure do *Curso* por ter encerrado a estrutura na sincronia, no estático. Ao contrário, ele tentou explicar as mudanças na língua e o fez a partir de princípios gerais, como, por exemplo, o princípio da oposição entre as necessidades da comunicação e a tendência humana ao mínimo esforço, oposição determinada pela exigência de uma melhor produtividade funcional. Em sua reflexão, Martinet defende que o lingüista deva interessar-se apenas pelas causas internas de mudança, que ele separa rigidamente das causas externas.

Martinet costuma ser citado como precursor de uma Lingüística mais social. Em várias ocasiões, ele propõe, como faz o *Curso de lingüística geral,* que falar da língua é falar indiretamente da sociedade. Dedica o quinto capítulo de *Elementos de lingüística geral* à "variedade dos idiomas e dos usos lingüísticos", servindo-se até mesmo do termo "sociolingüística". Entretanto, Martinet nunca considerou os fatos sociais como verdadeiramente determinantes nos fenômenos lingüísticos. E, sobretudo, sua visão das causas sociais da mudança lingüística é fortemente limitada a eventos catastróficos, como revoluções, guerras, epidemias, etc.

Outros "estruturalismos": em foco, sintaxe, modelos matemáticos e inatismo

A Lingüística Distribucionalista, também chamada *Escola de Yale,* que teve como maior representante Leonard Bloomfield (1887-1949), dominou a Lingüística dos Estados Unidos nos anos 1950. Radicalmente positivista, baseada no behaviorismo e no antimentalismo, preconizava uma descrição dos mecanismos das línguas que evidenciasse suas regularidades. Defendia uma descrição da língua como a que faria um "observador proveniente de outro planeta", sem qualquer referência a categorias conceituais. Para isso, previa duas operações metodológicas: a análise das frases em *constituintes imediatos* e, a seguir, a *classificação distribucional* desses constituintes.

Na análise em constituintes imediatos (ACI), a frase é dividida em partes, por sua vez, divididas em outras partes e assim por diante, até chegar a elementos mínimos, impossíveis de ser subdivididos segundo os mesmos critérios. A distribuição de um elemento seria o conjunto de seus contextos, ou seja, dos elementos que o precedem e o seguem na cadeia falada. Em *nós cantamos, nós* e *–amos* são os dois contextos de *cant-,* que, no entanto, poderia ter outros contextos, como *eu* e *-o* ou como *ele* e *-a.* Todos os elementos que têm uma distribuição idêntica ou semelhante a cant- (como *trabalh-, pint-, am-,* etc.) formam *classes distribucionais* a partir das quais definem-se as regras de uma língua: no caso citado, a regra que se evidenciaria numa classe distribucional seria a flexão em *-amos* (*-o, -a,* etc.) da raiz *cant-* ou de outra raiz, na presença de *nós* (*eu, tu,* etc.). A *expansão* é o procedimento contrário que reúne esses elementos simples em elementos mais complexos.

Zellig Harris (1909-1992) tentou aplicar a análise distribucional ao que ele denominou *discurso,* isto é, à seqüência de enunciados, orais ou escritos. Como não é possível segmentar o discurso em constituintes imediatos, como Bloomfield fez com a frase, Harris propôs que fossem estabelecidas *classes de equivalência* entre proposições suscetíveis de ser constitutivas de um discurso. Essas classes de equivalência seriam estabelecidas através de *operações de comutação* em contextos análogos. Por exemplo, através de comutações, nas três frases seguintes: "aqui, o verão começa por volta da metade de novembro", "aqui, o calor chega após a metade da primavera", "é preciso usar o ventilador, antes de dezembro", seria possível identificar três proposições – "aqui o verão começa", "aqui, o calor chega" e "é preciso usar o ventilador" – que pertenceriam à mesma classe de equivalência.

Para Mounin, a Lingüística Distribucionalista de Bloomfield e Harris constituiu uma continuação do esforço de Whitney de tornar a análise lingüística a mais científica possível. Nesse sentido, Bloomfield coloca-se claramente entre os lingüistas estruturalistas. Aliás, ele próprio declarava-se herdeiro de Saussure, mantendo-se sempre próximo do Círculo de Praga, sobretudo nas suas pesquisas fonológicas.

A abordagem descritivista e distribucionalista, que enfoca sobretudo a estrutura e não a função gramatical, teria nascido sobretudo da necessidade de descrever e descobrir a estrutura de línguas nativas americanas desconhecidas dos pesquisadores. Na descrição de uma língua conhecida, os segmentos particulares são reconduzidos a categorias gramaticais – verbo, advérbio, preposição – ou a significados. Esse procedimento é impossível quando se trata de uma língua desconhecida, que não constitui um sistema para o pesquisador. Nesse caso, o aspecto paradigmático e sistêmico da língua não é uma realidade a ser pesquisada, mas apenas uma hipótese a ser comprovada.

Entre as fragilidades das propostas da Lingüística Distribucionalista, destaca-se sua impossibilidade de resolver algumas ambigüidades semânticas. Por exemplo, o complemento de nome precedido da preposição *de* pode ser ambíguo, já que pode ser agente do processo (genitivo subjetivo) ou paciente do processo (genitivo objetivo): "O medo dos deuses" pode ser tanto "o medo sentido pelos deuses" como "o medo suscitado pelos deuses". Em uma análise apoiada nos constituintes imediatos, o genitivo subjetivo e o genitivo objetivo têm o mesmo tratamento. Do mesmo modo, não levar em conta a semântica dificultou o trabalho da ACI: por exemplo, o fato de que alguns verbos só podem ter um sujeito inanimado, etc. Essas insuficiências levaram Chomsky, então aluno de Harris, a formular regras mais complexas e a recorrer à noção de *transformação*, que está na base da sua Gramática Gerativa e Transformacional.

Bloomfield dedicou o mesmo rigor à pesquisa teórica e à sua aplicação prática, sobretudo no campo do ensino das línguas maternas e estrangeiras. Em 1941, quando os USA ingressaram na II Guerra Mundial e foi criado o *Intensive language programm* (Programa lingüístico intensivo) para o ensino rápido das línguas estrangeiras no exército, Bloomfield preparou um *Outline Guide of Foreign Language Teaching* (Guia para o ensino de língua estrangeira) para os lingüistas mobilizados para essa tarefa. A seguir, esse e outros manuais continuaram circulando nas escolas estadunidenses. Em 1940, Bloomfield escreveu um manual sobre a aprendizagem da leitura e da ortografia. Como outros lingüistas do seu tempo, extremamente erudito e estudioso de línguas consideradas *exóticas*, Bloomfield conhecia profundamente o sânscrito e a gramática hindu de Panini.

Como vimos, o *Curso de lingüística geral* defendia que o objeto de estudo da Lingüística fosse a língua enquanto sistema coerente, no qual as *relações entre os elementos* seriam mais importantes que os elementos em si. Essa idéia fora aplicada exemplarmente à fonologia estrutural do Círculo de Praga e de Martinet, onde os fonemas – unidades mínimas da língua – foram definidos, não pela sua natureza, mas enquanto traços distintivos de uma determinada língua. Os distribucionalistas estadunidenses tentaram aplicar o mesmo princípio aos constituintes da frase. Contudo, como o número de palavras e de suas combinações parece ser infinito – contrariamente aos fonemas, cujo número é muito reduzido –, foi impossível ultrapassar o estágio da descrição e chegar à elaboração de modelos abstratos, como ocorrera com a análise dos fonemas. Noam Chomsky, professor no prestigioso Massachussets Institute of Technology (MIT), nos Estados Unidos, tentou resolver esse impasse, colocando igualmente a sintaxe no centro da investigação lingüística.

Chomsky pretendeu ultrapassar o estágio descritivo e atingir o nível explicativo, através de uma teoria a mais explícita e precisa possível, de natureza algorítmica, como na Matemática, que possa ser aplicada mecanicamente. Limitando seu campo de estudo à sintaxe, Chomsky procurou elaborar um modelo teórico capaz de explicar as regras devido às quais um locutor nativo de uma determinada língua produz apenas frases bem formadas (gramaticais) e nunca frases mal formadas (agramaticais), assim como as regras que permitem que esse mesmo locutor aceite certas frases como corretas e rejeite outras como agramaticais.

Chomsky guiou-se por uma série de evidências, entre elas, o fato de que as crianças aprendem sem dificuldades aparentes a língua da sociedade em que vivem, sem ser predestinadas a nenhuma língua particular; que após certa idade, o aprendizado de uma língua torna-se muito mais difícil; que, mesmo quando uma pessoa aprende uma língua estrangeira e a fala de modo aparentemente perfeito, é incapaz de proferir os juízos de gramaticalidade com a mesma sutileza dos locutores nativos, etc.

Para Chomsky, essas evidências atestam a existência de um "saber", uma "intuição lingüística", sintoma de uma organização subjacente, inata, universal, que seria submetida a um processo de maturação físico-psicológico, graças ao qual a criança identifica, através das mensagens transmitidas ao seu redor, o tipo de língua à qual ela tem que se adaptar. Uma vez desenvolvido esse processo, o falante seria capaz de produzir e compreender um número indefinido de frases, mesmo sem jamais as ter pronunciado ou escutado. É esse saber, em grande parte inconsciente, que as gramáticas gerativas de Chomsky procuram explicar.

Chomsky chamou de *competência lingüística* a esse saber lingüístico que ele apresenta como uma faculdade geneticamente determinada. Ou seja, a base da construção da "memória" gramatical. Ao lado da competência, existiria o *desempenho* ou *performance*, que seria a realização concreta da competência, com todas as limitações individuais (neurológicas, psicológicas, fisiológicas, culturais, etc.) e situacionais (grau de interesse, atenção, emotividade, etc.) do falante.

Para Chomsky, uma frase como "a balconista seduziu o violonista" é compreendida sem nenhuma ambigüidade pelos falantes nativos do português. Ao contrário, um locutor português entende que uma frase como "Pedro ouviu o ruído da janela" é ambígua, já que suscetível de ter duas interpretações possíveis – "o ruído feito pela janela" ou "o ruído vindo de fora da janela". Ao contrário, frases do tipo "o silêncio vertebral indispõe o véu injusto" ou "tu fazer eu feliz" são vistas como anormais, sendo que a primeira é bem formada sintaticamente, mas incompreensível, e a segunda, mal formada sintaticamente, mas compreensível.

Para Chomsky, mesmo as mais completas gramáticas tradicionais se esquecem de fornecer certas instruções, talvez por considerá-las evidentes demais para um locutor nativo. Assim, a partir das indicações de qualquer gramática normativa da língua portuguesa, nada impediria que um estrangeiro produzisse a seqüência "essa gramática é muito gerativa", a partir do modelo de "essa gramática é muito interessante", ou "essa mulher está muito grávida", assim como diria "esta mulher está muito ocupada". O modelo formal de gramática proposto por Chomsky é constituído de um conjunto de regras – sintáticas e léxico-semânticas – a partir das quais seria possível produzir mecanicamente qualquer frase. A produção computadorizada da língua é evidentemente o objetivo último desse tipo de gramática.

No seu modelo gramatical, Chomsky propõe que, em toda frase, é possível identificar a *estrutura profunda*, através de *regras de reescrita*. Por sua vez, através de uma série de transformações, essa estrutura profunda pode ser transformada em uma *estrutura de superfície*. As regras de reescrita definem as relações gramaticais entre os elementos constitutivos da estrutura, representados por símbolos categoriais. A frase "Essa moça está apaixonada pelo seu vizinho" será reduzida à sua estrutura profunda, através das seguintes regras de reescrita: P (frase) ➜ SN (sintagma nominal) + SV (sintagma verbal); SN ➜ Det. (Essa) + Subst. (moça); SV ➜ GV (pres. – 3° pessoa + estar apaixonada); GV ➜ V (está apaixonada por) + SN (seu vizinho); SN ➜ Poss. (seu) + Subst. (vizinho).

No sentido inverso, as transformações são operações que modificam a última seqüência de regras de reescrita em uma frase gramatical e semanticamente bem formada, por meio de deslocações, apagamentos, acordos. Entre as transformações, as *obrigatórias* são as que levam às frases nucleares de tipo declarativo, afirmativo e ativo. As *facultativas* produzem frases complexas (interrogativas, negativas, passivas, etc.).

Para alguns analistas, epistemologicamente, o Gerativismo inscreve-se na continuidade do Estruturalismo. Como o Estruturalismo, o Gerativismo acredita no universalismo lingüístico, na tradição da Gramática de Port-Royal. A Lingüística Estruturalista do *Curso de lingüística geral* e o Gerativismo chomskyano trabalham a língua como objeto científico, isolado do social, das situações concretas, sociológicas e psicológicas, pressupondo um locutor desistoricizado e descontextualizado. Hoje, sabemos que há uma diferença metodológica essencial entre Chomsky e Saussure, ao menos, o Saussure dos manuscritos. É o ponto de partida da análise: na visão de Saussure, deve-se partir sempre da descrição de línguas particulares; no Gerativismo chomskyano, parte-se da intuição lingüística do locutor-ouvinte ideal, pertencente a uma comunidade lingüística ideal e homogênea.

O modelo teórico de Chomsky evoluiu muito desde a publicação de seu primeiro livro *Syntactic structures*, de 1957. Essa evolução pode ser esquematizada em três fases. De 1950 a 1965, Chomsky procurou transformar a Lingüística em uma ciência, apoiando-se no modelo das ciências da natureza. De 1965 a 1970, modificou a Gramática Gerativa, com a inserção de regras de sub-categorização e de inserção lexical. Por exemplo, as categorias gramaticais, como *subst.* (substantivo), V (verbo) foram especificadas em subcategorias significativas, por exemplo, com a especificação dos semas – animado, humano, não abstrato, etc. – no caso dos substantivos. Os verbos e adjetivos foram sub-categorizados em função de sua compatibilidade com determinados sujeitos, objetos, etc. De 1970 até hoje, a preocupação de Chomsky e de sua equipe centra-se nos problemas da existência de uma gramática universal.

O Gerativismo conheceu um enorme sucesso mundial, sobretudo nos anos 1970. Na época, Chomsky destacou-se internacionalmente também por sua combativa oposição à guerra no Vietnã e ao imperialismo estadunidense. Até hoje, é tão conhecido por seus posicionamentos políticos quanto por suas atividades de lingüista. Sua proposta e dos gerativistas da existência de gramática interior a cada indivíduo, apesar de discutível, tem importantes implicações sociais, pois questiona a idéia de que certas maneiras de falar são "objetivamente" inferiores a outras, defendendo que, no plano estrutural, todas as línguas e variedades lingüísticas têm o mesmo nível de coerência.

O modelo de Chomsky foi inicialmente criticado pela própria Lingüística Estruturalista, sobretudo européia. Entrevistado por François Dosse, o lingüista e filósofo búlgaro radicado na França, Tzvetan Todorov (1939-), enfatizou que os primeiros estruturalistas partiam do estudo de uma pluralidade de línguas, nas quais podiam citar exemplos, enquanto Chomsky trabalhou apenas com o inglês, sua língua natal. Apontou-se igualmente na dicotomia *competence/performance* uma radicalização da dicotomia saussuriana *língua/fala*, que, apesar de fortemente anti-sociológica, ao menos via, em nível diacrônico, a língua como resultado da fala.

As principais críticas do modelo teórico de Chomsky dizem respeito à noção de *intuição lingüística do sujeito falante*, tão essencial no modelo gerativista. Para o francês Paul Henry, essa categoria, forjada para legitimar a prática do lingüista sobre a linguagem, interviria em dois níveis: prático e teórico. Em um primeiro momento, seria invocada pelo pesquisador para constituir a língua como um todo empírico, isto é, para decidir o que está ou não está em uma determinada língua. Em um segundo momento, serviria para explicar os critérios de sentido que Chomsky considera diretamente acessíveis à consciência do falante.

A polêmica diz respeito também à questão da gramaticalidade e da agramaticalidade: Chomsky deu à intuição lingüística um fundamento teórico, a *competência lingüística*, que seria inata ao falante nativo, mesmo quando sua fala se afasta, mais ou menos, do que ele reconhece como parte da língua. Isto é, a prática lingüística que deveria estar na base da construção da gramática de Chomsky não opera fora da teoria. Em outras palavras, não há uma relação especular com o real, e Chomsky parte de pressupostos que ele não demonstra. Por outro lado, a Gramática Gerativista encontra dificuldade na explicação de frases lúdicas, poéticas, argumentativas, etc., aparentemente agramaticais ou sem sentido.

Enfim, o modelo gerativista não explica a existência, dentro da competência – para Chomsky *inata* – de normas *arbitrárias* impostas pelas práticas linguageiras do grupo social dominante, que não correspondem sempre às regras do subgrupo ao qual pertence o falante. Para a *intuição* de grande parte dos locutores brasileiros, a expressão "para mim fazer" é gramatical e semanticamente pertinente, porém é impugnada pela norma, que impõe a forma "para eu fazer".

O sociolingüista estadunidense William Labov (1929-) foi um crítico feroz de Chomsky. Em verdade, segundo Calvet, a principal concordância dos participantes da reunião da UCLA, de 1964, que marcou o início da Sociolingüística, não era de cunho teórico-metodológico, mas era uma difusa vontade de apresentar alternativas a uma Lingüística que, devido ao crescente prestígio das pesquisas de Chomsky, tornara-se cada vez mais formal e menos humana e social, orientando-se para a produção de máquinas que produzissem frases, muito distante dos fenômenos lingüísticos reais.

Uma das críticas de Labov é que a construção teórica gerativista baseia-se na hipótese, mais ou menos explícita, de que é possível desenvolver teorias lingüísticas a partir da *uniformidade* e *homogeneidade* do comportamento verbal, apesar das variações lingüísticas objetivas. Desse modo, a Lingüística Gerativista exclui o estudo do comportamento lingüístico e social real. Labov considera que esse procedimento convém aos amadores de fórmulas que optam por trabalhar com o que já sabem, servindo-se, no máximo, de alguns poucos informantes e materiais de segunda mão.

CAPÍTULO IV

Lingüística e prática

> *Muitas noções na Lingüística, e talvez na*
> *Psicologia, aparecerão sob uma luz diferente se*
> *as restabelecermos no quadro do discurso, que*
> *é a língua enquanto assumida pelo homem*
> *que fala, e sob a condição de intersubjetividade,*
> *única que torna possível a comunicação lingüística.*
> (BENVENISTE, 1995, p. 293)

Alguns dos modelos apresentados a seguir poderiam ter sido incluídos no capítulo anterior, já que se filiam explicitamente à Lingüística Estruturalista, da qual, entretanto, se distinguem, ao assumir a necessidade de considerar a exterioridade, em geral, e o contexto de fala, em particular, para apreender plenamente o objeto de estudo da Lingüística. Nesse sentido, essas correntes têm inúmeras afinidades com outras correntes não-estruturalistas da Lingüística, que também se desenvolveram nas últimas décadas do século 20.

As novas correntes da Lingüística têm assumido formas muito diversificadas, cada vez mais difíceis de ser classificadas em escolas. Porém, elas têm em comum alguns questionamentos de certos postulados da Lingüística tradicional. Seguindo um esquema apresentado pela lingüista francesa Catherine Kerbrat-Orecchioni, poderíamos sistematizar esses questionamentos do seguinte modo:

- Hoje, cada vez mais, questiona-se a noção de *código* subjacente à Lingüística Estruturalista, tal é apresentada no *Curso*, atribuído a Saussure, e aos estudos gerativistas chomskianos. Ou seja, questiona-se a existência de um código único e monolítico, que não corresponderia a nenhuma realidade empírica.

- A *dicotomia língua/fala* é também questionada pelas novas correntes apresentadas neste capítulo, com três variantes: algumas consideram essa dicotomia não pertinente; outras mantêm a dicotomia, mas deslocando a delimitação entre língua e fala; outras ainda optam por manter a dicotomia e por acrescentar-lhe uma terceira instância que representaria o modo de atualização da língua em discurso.

- Em geral, os modelos lingüísticos das últimas décadas propõem a existência de uma entidade acima da frase, que seria percebida pelo falante como um todo autônomo, mostrando que o *texto* não é uma justaposição aleatória de frases.

- As novas orientações lingüísticas tendem igualmente a admitir que as *modalidades de produção do sentido* são mais complexas do que a teoria do signo proposta pelo *Curso de lingüística geral* deixaria entender. Além dos significantes estruturais lexicais e mórficos, outras unidades lingüísticas funcionariam como suporte do sentido (o som, a construção sintática, a organização textual), assim como entidades paralingüísticas (a entonação, o ritmo, o volume da voz) e não lingüísticas (o próprio referente, por exemplo).

- No que diz respeito à *concepção da comunicação*, a maioria das novas correntes da Lingüística questiona o esquema tradicional de um intercâmbio harmonioso de informações, indiferente ao contexto imediato e às especificidades dos interlocutores, enfatizando o fato, por exemplo, de que 'dizer' é também 'fazer' e 'agir' sobre o mundo. Em função das opções teóricas, a linguagem verbal pode ser vista como uma simples prática social; como um trabalho simbólico, parte do trabalho social; como essencialmente constitutiva do ser humano e de sua história, como uma mediação entre o ser humano e a realidade natural e social, etc.

- De um modo geral, há hoje na Lingüística a convicção da necessidade da reintegração do que se considerava tradicionalmente como o 'extralingüístico'. Cremos que o grau da reintegração do extralingüístico seja um dos melhores critérios para distinguir as diversas correntes atuais da *Lingüística da língua em uso ou do discurso*. Para algumas teorias, apenas a análise da situação enunciativa é necessária para explicar o sentido de certos enunciados. No outro extremo, nas teorias reunidas sob a apelação genérica de "Análise do Discurso", preconiza-se que nenhum fenômeno linguageiro possa ser compreendido fora da prática social e ideológica e da História.

As novas correntes lingüísticas são habitualmente divididas em francófonas e anglo-saxônicas. Na França, enquanto o lingüista Benveniste inaugurava a chamada *Lingüística da Enunciação*, surgiam igualmente correntes lingüísticas interessadas na relação linguagem-sujeito-sentido e, mais especificamente, no discurso, desde outras perspectivas teórico-metodológicas. No mundo anglo-saxônico, desde os anos 1930, as reflexões dos chamados "filósofos de Oxford" ou "filósofos da linguagem quotidiana", inauguraram estudos sobre os atos de fala e o uso da linguagem, conhecidos como *Pragmática*. Como a Lingüística da Enunciação e a Pragmática tendem a ter preocupações muito próximas, o termo *Pragmática* tem sido muitas vezes usado indistintamente tanto para uma como para a outra.

A pragmática

Sob a etiqueta de *Pragmática* define-se um conjunto relativamente heterogêneo de estudos. Vimos que esse termo tende inclusive a ser aplicado às pesquisas realizadas a partir do instrumental teórico da Lingüística da Enunciação. Utilizaremos o termo *Pragmática* exclusivamente para nos referir à corrente da Lingüística, sobretudo de origem anglo-saxônica, filiada aos trabalhos de Charles Morris, que estudou as relações entre os signos e seus utilizadores, e às reflexões dos "filósofos de Oxford", referentes aos atos de fala.

Charles Morris (1938-) estabelece uma distinção entre (1) a relação sintática, dos signos lingüísticos entre eles, na frase; (2) a relação semântica, das frases com as coisas que representam e (3) a relação pragmática das frases com os falantes que as enunciam e as interpretam. Morris define a Pragmática como o estudo do uso dos signos e dos efeitos que esse uso produz nos falantes que os utilizam. Para Morris, o semântico é o único sentido verdadeiro, enquanto o sentido pragmático seria não-essencial e variável, já que dependeria dos interlocutores e das situações.

A concepção da Pragmática morrisiana é fortemente influen-ciada pela Filosofia lógica de Gottlob Frege (1892-1925), para quem o sentido de uma forma lingüística depende essencialmente de sua verdade. Mesmo evoluindo em relação a Morris, mantém-se ainda forte a corrente da Pragmática, que considera apenas o sen-tido pragmático quando há necessidade de especificar o sentido se-mântico de enunciados ambíguos. Por exemplo, o enunciado "o livro está fechado" pode representar sempre a mesma realidade, quaisquer que sejam os interlocutores. Mas algumas frases, sistematicamente ambíguas, podem representar diversas realidades em função dos contextos de utilização: é o caso de "ontem, eu não estava aqui" ou "esse nosso governo está um horror!".

Os filósofos John Langshaw Austin (1922-1960) e John Ro-gers Searle (1932-) deram *status* de ciência à Pragmática ao estu-dar, de maneira sistemática, o que realmente fazem os falantes quando falam. O ponto de partida da reflexão de Austin sobre a linguagem foi sua oposição à abordagem vericondicional dos estu-dos de sentido, mostrando que, na linguagem quotidiana, algu-mas frases declarativas não constituem afirmações que possam ser qualificadas de verdadeiras ou falsas, ao servir mais para *fazer* algo do que para *dizer* algo.

Austin distinguiu os enunciados *constativos dos performati-vos*. Os primeiros são simples afirmações que representam fatos diferentes deles próprios. Portanto, podemos aplicar-lhes o critério da verdade: "Maria voltou", "Está chovendo". Os segundos *cumprem* o que *enunciam*, equivalendo a uma ação: "Condeno-te a uma multa de 500 reais", "Declaro a sessão aberta". Todo enunciado performativo descreve uma ação presente, atual e sua enunciação tem como função cumprir essa ação. Para que um enunciado seja performativo, é preciso que estejam presentes certas circunstâncias contextuais.

Austin modificou seu modelo devido à presença na língua de enunciados ambíguos que apresentam um caráter tanto performativo quanto constativo: "Ordeno que você venha até aqui", "Prometo que amanhã iremos ao cinema", etc. Austin queria explicar os enunciados performativos, reduzi-los a uma forma explícita e definir critérios gramaticais capazes de distingui-los dos constativos. Para isso, ele subdividiu o ato de fala em três instâncias: a *locução* – "dizer algo", a *ilocução* – "fazer algo ao dizer algo" e a *perlocução* – "fazer algo pelo fato de dizer algo".

Para ele, a locução – execução de ato locutório – seria a simples produção de sons que entram em uma construção dotada de um significado, isto é com um sentido e um referente no mundo real. O enunciado "ele vai cair" é um ato locutório, pois nele, se diz algo. Contudo, mesmo no caso de um enunciado tão simples como "ele vai cair", não fica claro se temos uma simples afirmação – isso é, um constativo, uma locução –, ou se há um aviso e, portanto, um ato ilocutório, que *cumpre* o ato de avisar. Austin definiu como ilocutório o ato efetuado *ao* dizer algo, em oposição ao simples ato *de* dizer algo. Ele considerava que, muitas vezes, ao se produzir um ato locutório e um ato ilocutório, podia-se produzir igualmente um terceiro ato, que chamou de perlocutório, referindo-se ao fato de que *dizer algo*, na maioria das vezes, provoca "certos efeitos sobre os sentimentos, os pensamentos, os atos, etc. do auditório, ou de quem está falando, ou ainda de outras pessoas". Os efeitos provocados pelas perlocuções são conseqüências aleatórias, e não convencionais, contrariamente ao que acontece na ilocução.

Por exemplo, o enunciado "te prometo que virei amanhã" tem uma instância locutória – descreve algo – e ilocutória – isto é, tem conseqüências convencionais, já que aquele que promete tem a obrigação moral de fazer o que prometeu e seu interlocutor adquire o direito de cobrar isso dele. Mas essa mesma afirmação pode ser igualmente um ato perlocutório, ao provocar a felicidade do interlocutor ou o arrependimento do locutor, que pensa nas dificuldades que ele terá para cumprir sua promessa. Do mesmo modo, em uma simples afirmação como "Rosa está bonita hoje", pode haver um ato perlocutório, como provocar o ciúme da interlocutora, sem que essa reação seja inerente à fala do locutor. Austin propunha cinco classes de enunciações, estabelecidas em função de seu valor ilocutório (o que se faz quando se fala), que designou como *verditivos, exercitivos, promissivos, comportativos e expositivos.*

Na perspectiva pragmática, a linguagem verbal é muito mais do que uma mera representação da realidade. Ela é uma *instituição*, que comporta *atos de linguagem socialmente fixados* que correspondem a papéis convencionais e que existem apenas *nessa* e *através dessa* instituição: ordenar, prometer, insultar, ameaçar, protestar, autorizar, criticar, desafiar, etc. Esses atos de linguagem são submetidos a certas regras, distintas em cada sociedade.

A Lingüística da Enunciação

Ao destacar as contradições metodológicas do modelo estruturalista na Lingüística, João Wanderley Geraldi utiliza trecho do romance *Palomar*, do romancista e ensaísta comunista italiano Italo Calvino, no qual o herói procura isolar uma onda no mar, para delimitar e compreender seu funcionamento estrutural e, assim, o de todas as ondas. Com esta imagem, Geraldi mostra como, ao construir um objeto *língua* para a Lingüística, o *Curso de lingüística geral* produziu também algo supostamente exterior a esse objeto, um suposto "espaço de liberdade individual", que foi denominado *fala*, abstraindo que, dentro do objeto *língua* há fenômenos cuja explicação demandaria considerar o que é exterior a ela. A Lingüística da Enunciação procurou inserir esse espaço de liberdade no objeto *língua*.

Nos anos 1950-1960, as reflexões de Emile Benveniste sobre a subjetividade na linguagem abriram caminho para pesquisas relativamente diversificadas, geralmente denominadas de Lingüística da Enunciação. É forte a filiação de Benveniste a Antoine Meillet, de quem foi aluno e a quem sucedeu, em 1939, na cadeira de Gramática Comparada, no *Collège de France*. Além de ter sido um comparatista de renome e um grande especialista do indo-europeu, Benveniste interessou-se pelo trabalho desenvolvido pelo Círculo Lingüístico de Praga, participando de suas publicações.

Benveniste reconhecia-se no estruturalismo. Além de dedicar um capitulo inteiro de *Problemas de lingüística geral* a Saussure e à sua herança, enfatizou constantemente a importância daquele lingüista para o avanço da Lingüística no século XX, devido ao seu *Curso de lingüística geral*, à sua contribuição ao Comparativismo e ao seu conhecimento do sânscrito. Contudo, segundo depoimento de Ducrot, Benveniste teria mostrado que o sistema lingüístico podia levar em conta os fenômenos de enunciação sem deixar de ser um sistema.

Benveniste apresentou duas questões essenciais à Lingüística: (1) o que o lingüista deve descrever sob o nome de língua e (2) se a linguagem tem como função dizer algo, o que é exatamente esse "algo" para o qual se articula a língua. Ou seja, como resolver o problema da significação. Uma reflexão possivelmente influenciada pela aproximação de Benveniste, após a II Guerra Mundial, às reflexões dos "filósofos de Oxford", a quem dedicou um capítulo do primeiro tomo do *Problemas de Lingüística Geral* e ao projeto pragmatista de Morris, que, segundo o próprio Benveniste, "inclui, com os signos, aqueles que fazem uso deles".

Em síntese, Benveniste aceitava a língua enquanto estrutura formal, a ser analisada em diferentes níveis (merismas ou traços distintivos, fonemas, signos e frases), a fim de levar em conta a natureza *articulada* da linguagem e o caráter *discreto* de seus elementos. Porém, enfatizava que o sentido é condição indispensável dessa análise, premissa recusada, como vimos, por alguns modelos, como o Distribucionalismo de Bloomfield e a Glossemática de Hjelmslev. Benveniste propunha a existência de dois grandes universos: o da língua enquanto sistema de signos, que teria a frase como nível mais alto, e o da língua enquanto instrumento de comunicação, cuja expressão seria algo que Benveniste chamou de *discurso*, isto é, a manifestação da língua na comunicação viva, cuja *unidade* seria a frase. Para ele, com o discurso começaria verdadeiramente a *linguagem*. Benveniste preconizava que os dois domínios fossem analisados por duas Lingüísticas distintas.

Na obra de Benveniste, é essencial o tema da subjetividade na linguagem. Para ele, o ser humano pode constituir-se como sujeito somente *na* linguagem e *pela* linguagem. A subjetividade seria a emergência no ser humano de uma propriedade fundamental da linguagem. Essa propriedade seria possível apenas porque, por um lado, cada locutor apresenta-se como *sujeito*, qualificando a si próprio como eu no seu discurso; por outro, porque esse *eu* implica outra pessoa, à qual o *eu* diz *tu*. Benveniste via nesse fenômeno uma polaridade, com dois termos *reversíveis* e *complementares*, segundo uma oposição interior/exterior.

Benveniste propunha igualmente que o indivíduo só se destacou da sociedade preexistente na medida em que adquiriu "consciência de si mesmo". Para ele, as línguas particulares seriam testemunhas dessa característica essencial da linguagem humana, tão profundamente marcada pela subjetividade. Todas as línguas possuem pronomes pessoais, mesmo que, em certas línguas, esses pronomes sejam omitidos ou substituídos por perífrases. Contrariamente a outros signos lingüísticos, alguns pronomes não remetem nem a um conceito, nem a um indivíduo. A palavra *eu*, ao referir-se "ao ato de discurso individual no qual é pronunciado, e lhe designa o locutor", só pode ser identificada em uma *determinada instância discursiva*.

Para Benveniste, haveria outras classes de palavras indicadoras da *dêixis* (do gr. *deîxis*, "demonstração", "modo de provar"): seria o caso dos demonstrativos, advérbios, adjetivos, que organizam as relações espaciais e temporais *em torno do sujeito*. Esses termos se definiriam apenas em relação à instância de discurso na qual são produzidos, sob a dependência do sujeito que enuncia. Benveniste vê igualmente indicadores da subjetividade em certas *formas verbais pessoais*, como "supor", "presumir", "duvidar", etc. que, conjugadas na primeira pessoa, registram a atitude do locutor em relação ao enunciado "Vi você no bar; presumo que esteja se sentido melhor".

A subjetividade na linguagem se evidenciaria também "nos efeitos de sentido produzidos pela mudança das pessoas em certos verbos" que denotam pelo seu sentido um ato individual de alcance social, como "jurar", "prometer", "garantir", "certificar". Enquanto nas enunciações "eu juro", "eu prometo", "eu garanto", os próprios atos comprometem o enunciador, as enunciações "ele jura", "ele promete", "ele garante" são apenas descrições, ao igual que "ele corre", "ele fuma".

Influenciadas por Benveniste, surgiram escolas que passaram a estudar não mais a língua em si, mas o ato de produzir língua, isto é, a língua em situação, a língua sendo utilizada por um enunciador. Segundo Dominique Maingueneau, para essas escolas, a linguagem não é mais um instrumento neutro, apenas destinado a transmitir informação. Ao contrário, constitui atividade entre dois protagonistas, enunciador e enunciatário, na qual o enunciador situa-se em relação ao enunciatário, ao enunciado, à enunciação, ao mundo e aos enunciados anteriores e futuros. E o lingüista da enunciação deve analisar as marcas dessa atividade na estrutura do enunciado. Especialistas defendem o caráter unitário da Lingüística da Enunciação, apesar da grande diversidade de temas e abordagens relativos à língua em uso, da dificuldade de definir exatamente o que vem a ser o objeto de estudo da Lingüística da Enunciação e da variedade de métodos de investigação.

Os soviéticos

Segundo a lingüista russa Irina Ivanova, da conquista operária do poder, em 1917, até a estalinização, em fins da década de 1920, criou-se na União Soviética um ambiente científico extremamente fértil, no qual lingüistas e críticos literários ocuparam-se de questões muito atuais para a época, relativas à gestação dos postulados e dos métodos de análise de novas correntes da Lingüística que, mais de meio século mais tarde, receberiam os nomes de pragmática, Lingüística da Enunciação, Análise do Discurso, etc.

Na época da publicação do *Curso de lingüística geral,* o lingüista russo Lev Jakubinskij (1892-1945), que fora aluno de Baudouin de Courtenay e participara da fundação do Instituto da Cultura da Palavra (GIRK), já interessava-se pelas formas de interação discursiva. Em 1923, publicou o artigo "Sobre a fala dialogal" no qual o diálogo é apresentado como manifestação essencial da fala quotidiana e forma natural de existência da língua. Foi grande a importância de Lev Jakubinskij para a Lingüística soviética, influenciando Bakhtin e Volochinov, no que se refere às idéias sobre o dialogismo e à noção de antecipação da resposta que caracteriza toda enunciação.

Os trabalhos do chamado *Círculo de Bakhtin* deixaram para a posteridade as considerações mais acabadas e interessantes sobre o que chamamos hoje de enunciação. Os membros do *Círculo* – principalmente Bakhtin e Volochinov – perguntavam-se qual seria o verdadeiro centro da atividade lingüística e qual seria a forma da sua realidade objetiva: a inerte imobilidade de formas que permanecem idênticas a si mesmas ou a ininterrupta formação criativa.

Em *O marxismo e a filosofia da linguagem* e no artigo *As mais recentes tendências do pensamento lingüístico ocidental,* ao criticar a Lingüística Estruturalista, Valentin Volochinov enfatizava que a língua pode ser percebida pelo falante como um sistema de formas normativamente idênticas, mas isso apenas através de um esforço enorme de abstração, de reflexão metalingüística. Para a consciência do falante nativo e, sobretudo, quando o objetivo é falar e comunicar, o centro de gravidade encontra-se sempre na novidade e na concretude do significado, num determinado contexto.

No mesmo sentido, Volochinov aproxima-se dos pragmáticos quando afirma que nunca ouvimos ou pronunciamos apenas palavras, mas "verdades ou mentiras, coisas boas ou ruins, importantes ou fúteis, agradáveis ou desagradáveis, etc". Ele e seus companheiros do *Círculo* têm posições muito próximas à corrente que hoje é identificada como Análise do Discurso quando afirmam que a linguagem não é um sistema de categorias gramaticais abstratas, mas é algo *ideologicamente saturado*, é uma concepção do mundo, uma opinião concreta, "o que garante um *máximo* de compreensão mútua em todas as esferas da vida ideológica". Contudo, a visão materialista e dialética dos fenômenos linguageiros dissolve as possibilidades de assimilação das propostas do *Círculo de Bakhtin* com as da Lingüística da Enunciação e da Pragmática, apesar das muitas *proximidades* que, à primeira vista, autorizam tal procedimento.

Na Lingüística contemporânea, há consenso sobre a necessidade de reintegração do fato 'extralingüístico' ao estudo da língua. Acreditamos que o grau dessa reintegração constitua um critério essencial na distinção entre importantes correntes do estudo da língua em uso, da enunciação e do discurso. Sobretudo a partir dessa premissa, examinaremos algumas propostas fundamentais do *Círculo de Bakhtin* afim de compreender qual era a visão daquele grupo sobre, por um lado, a essência da linguagem verbal e, por outro, as modalidades de produção do sentido, sobretudo em textos atribuídos a Volochinov.

Em oposição a muitos lingüistas da Enunciação, Volochinov considerava que o signo lingüístico remete *sempre* à situação extralingüística. Essa *dependência* alcançaria seu grau máximo na linguagem quotidiana e seu grau mínimo em textos fortemente formalizados – como a comunicação administrativa, científica, escolar, por exemplo. Para os membros do *Círculo*, o signo é sempre ideológico, já que nasce de uma determinada situação sócio-histórica, exprimindo, em um dado momento, o ponto de vista específico de um certo grupo social.

Bakhtin e Volochinov divergem igualmente dos principais representantes da Lingüística da Enunciação e da Pragmática quanto à natureza da situação extralingüística que, para os lingüistas soviéticos, seria muito mais do que uma simples causa externa da enunciação. A situação extralingüística não agiria sobre a enunciação do exterior, como uma espécie de "força mecânica", mas conformaria a enunciação enquanto parte constitutiva essencial de seu conteúdo semântico. O contexto extralingüístico seria constituído tanto pelo horizonte espaço-temporal comum aos falantes, quanto pelo saber que os interlocutores compartilham, pelo sistema de valores que possuem em comum e pelas condições de vida material do locutor e do interlocutor.

No artigo *Estilística literária*, de 1930, Volochinov desenvolve considerações germinais sobre a linguagem interior, *produto* de interação entre um falante e um auditório (interlocutores virtuais) que compartilham a mesma linguagem e os mesmos valores, lêem os mesmos jornais, possuem os mesmos mundos interiores, etc. Ou seja, pertencem a uma mesma formação ideológica. Para Volochinov, o que se considera tradicionalmente como individualidade lingüística ou criativa é a expressão de uma orientação social. Todas as expressões lingüísticas individuais seriam sempre orientadas para alguém, para um ouvinte virtual, para um auditório.

A visão de Bakhtin e Volochinov é profundamente materialista e dialética, mesmo no que se refere ao pressuposto. Ao propor que todo enunciado, enquanto totalidade significante, compõe-se de duas partes – uma lingüisticamente realizada e outra subentendida ou pressuposta –, Volochinov assinala que "somente aquilo que todos nós falantes sabemos, vemos, amamos e admitimos, aquilo sobre o que todos concordamos, pode tornar-se uma parte pressuposta do enunciado". Pressupostos valeriam para uma família, para uma classe, para uma nação, etc. Alguns pressupostos funcionariam somente por alguns dias; outros, por inteiras épocas.

Como vimos, o pragmático John Langshaw Austin propunha cinco classes de enunciações, estabelecidas em função de seu valor ilocutório: os *verditivos, os exercitivos, os promissivos, os comportativos* e os *expositivos*. No mesmo sentido, mas com importantes variações, Volochinov preconizava que se pudesse indicar os tipos mais recorrentes e essenciais de comunicação social: a comunicação *na produção, nos negócios, quotidiana, ideológica* (isto é, *científica, escolar, jurídica, filosófica, artística*, etc), etc. Para ele, toda comunicação se dá em espaço social determinado, para um dado auditório, com fórmulas comunicacionais recorrentes. Em cada tipo de comunicação social, o enunciado tende a apresentar uma forma gramatical e estilística própria, uma estrutura tipo, que Volochinov e Bakhtin chamaram de *gênero*.

CAPÍTULO V

O diálogo com outros campos disciplinares

> *A vida social viva e o devir histórico criam, dentro de uma língua nacional abstratamente única, uma multidão de mundos concretos, de perspectivas literárias, ideológicas e sociais fechadas dentro dessas diversas perspectivas; idênticos elementos abstratos da linguagem se carregam de diversos conteúdos semânticos e axiológicos e ressoam de modo diferente.*
>
> (BAKHTIN, 1978, p. 110)

A Análise do Discurso

Sobretudo após a publicação do *Curso de lingüística geral,* estabeleceu-se na Lingüística uma separação bastante rígida entre forma e conteúdo. Defendeu-se igualmente que a Lingüística, para tornar-se ciência autônoma, deveria interessar-se apenas pela forma, nos marcos de um objeto científico hipotético, a *língua,* cujo limite superior seria a frase. Nessa visão, a solução da questão do significado, aparentemente viável quando se trata de analisar as unidades do objeto abstrato *língua* – morfemas, palavras, frases –, torna-se impossível quando se refere a produções linguageiras reais. Produções da linguagem que se apresentam sempre sob uma forma superior à frase, sob a forma de texto ou, como vimos, de frases cujo sentido depende intimamente do contexto do intercâmbio verbal. No capítulo anterior, mostramos que a Lingüística da Enunciação, a Pragmática e a Lingüística soviética da época pré-staliniana avançaram consideravelmente os conhecimentos nesse campo.

A Análise do Discurso (ou Análise de Discursos) nasceu na França, em fins de 1960, com iguais preocupações. Essa corrente surgiu em contexto epistemológico no qual o estruturalismo, sob críticas severas, dividia-se crescentemente no plano teórico. Porém, paradoxalmente, foi sobretudo após 1968 que o estruturalismo penetrou e consolidou-se no âmbito acadêmico francês, apresentando-se como corrente progressista, dos *modernos* em oposição aos *antigos*.

Contraditoriamente, no momento em que se iniciava o questionamento das bases da Lingüística estrutural, através da proposta da reintrodução da história nos estudos da linguagem e das línguas; da difusão e do prestígio das interrogações de Benveniste sobre o sujeito; do reconhecimento da importância do social; do questionamento de um cientismo exacerbado nas ciências sociais, etc., o movimento de ruptura social, política e ideológica que tomou conta da França e da Europa, no fim da década de 1960 – que passou para a história como o "maio de 68" ou o "maio francês" – assegurou o êxito do estruturalismo no mundo acadêmico francês, onde subsistia ainda importante mandarinato do saber que sequer aceitava a existência da própria Lingüística como ciência autônoma.

Na França, o movimento revolucionário de maio de 1968 resultou na criação de novas universidades e na contratação maciça de jovens professores e pesquisadores, entre os quais muitos estruturalistas. O historiador François Dosse apresenta essa contradição como o "paradoxo supremo de um paradigma negador da história que triunfa graças a ela!" Na jovem universidade de Nanterre, fundada em 1964, e mais especificamente no departamento de Lingüística, instituído em 1968, encontravam-se jovens pesquisadores, muitos dos quais eram comunistas, como Jean-Baptiste Marcellesi, Claudine Normand, Françoise Gadet, Jean Dubois, Bernard Pottier, etc., que colaboravam com historiadores como Régine Robin e Antoine Prost na construção de uma

Sociolingüística fundamentada na Análise do Discurso e na Lexicologia, voltada sobretudo para a análise da ideologia presente no discurso histórico e político.

Os trabalhos do então jovem filósofo marxista Michel Pêcheux, discípulo de Louis Althusser (1918-1990), foram importantes referências para esses jovens pesquisadores. Na segunda metade da década de 1960, quando de um grande projeto de reflexão epistemológica sobre a filosofia do conhecimento e a necessidade de transformar a prática das ciências humanas e sociais, Pêcheux e outros pesquisadores aplicaram as teses althusserianas à análise da linguagem e do sentido. Em 1969, sob o pseudônimo de Thomas Herbert, Pêcheux publicou um primeiro livro, espécie de manifesto metodológico sobre a introdução do materialismo histórico, na versão althusseriana, à pesquisa lingüística. Em *Análise automática do discurso*, Pêcheux construiu o conceito de *discurso* para explicitar o vínculo entre linguagem e ideologia.

Em 1975, Pêcheux publicou *Semântica e discurso: uma crítica à afirmação do óbvio*, que o transformou no "teórico da ideologia". Nessas e em outras obras, registrou sua preocupação em empreender um trabalho teórico-epistemológico sem desprezar o desenvolvimento de *métodos* para a "análise de discursos". Para ele, a Lingüística Estruturalista saussuriana, ao excluir sistematicamente qualquer teorização sobre o texto e sobre a produção de sentido, deixou espaço para que as ideologias (re)invadissem o campo do sentido.

A Escola Francesa de Análise do Discurso apóia-se em três grandes áreas do conhecimento: a Lingüística, a Psicanálise lacaniana, o materialismo histórico, sobretudo na visão althusseriana. Um dos seus pressupostos básicos é que a linguagem verbal não é transparente e que a relação linguagem verbal/pensamento/mundo real não é unívoca. Premissa que parte da compreensão do materialismo histórico de que o ser humano pertence sempre a uma formação social e ideológica, vivendo e fazendo sua história, mesmo não tendo plena consciência disso. O corolário lingüístico dessas premissas é que a língua não deve ser considerada de modo abstrato, mas como forma material lingüístico-histórica, "encarnada na história, para produzir sentido".

Na nota introdutória da tradução de *Semântica e discurso* de Michel Pêcheux, a lingüista brasileira Eni Orlandi propõe que a Análise do Discurso "se desenvolve sob várias perspectivas nos trabalhos de um conjunto de autores bastante diferenciados (e diferenciadores) entre si". Em geral, as diversas correntes da Análise do Discurso procuram mostrar que os falantes são sujeitos à opacidade e à não-neutralidade da linguagem. A memória institucional procuraria apagar na linguagem os efeitos da história e da ideologia, já que em cada formação social há formas de controle do sentido e de sua interpretação.

Por além das divergências teórico-metodológicas no seio da Análise do Discurso, há um amplo consenso quanto ao objeto, que não é o *sentido* ou o *discurso* em si, mas o processo de sua produção. Existe igualmente certa homogeneidade quanto aos métodos de análise, pois, em geral, os analistas individualizam um dispositivo teórico, em função da natureza do material a ser analisado e da finalidade da análise.

Diferentemente da Lingüística da Enunciação, a Análise do Discurso não separa forma e conteúdo. Para ela, a língua não é mais vista como estrutura, mas como acontecimento, como condição de possibilidade do discurso, onde os processos semânticos são determinados social e historicamente. Para a Análise do Discurso, a língua e o discurso não são instâncias completamente diversas; ao contrário, são realidades postas em relação a cada prática discursiva. Para Pêcheux, as sistematicidades da língua não existem sob a forma de um bloco homogêneo de regras organizadas à maneira de uma máquina lógica; ao contrário, essas regras são objeto de recobrimento e de apagamentos parciais.

Lingüística da Enunciação e Análise do Discurso divergem igualmente no que tange ao objeto de estudo e ao sujeito. A primeira concebe a enunciação como o ato individual de utilização dos recursos oferecidos pela língua, ato através do qual o locutor define-se a si mesmo (*eu*), a sua relação com seu interlocutor [*tu*] e com a situação de comunicação. Nessa perspectiva, o principal objetivo da Lingüística da Enunciação é a apreensão, no interior do discurso, das marcas da subjetividade e de diversos elementos do contexto enunciativo.

Com a Análise do Discurso, há uma mudança na perspectiva do objeto, que focaliza não o discurso em si, mas suas condições de produção, que caracterizam e constituem o discurso. A mudança de perspectiva empreendida pela Análise do Discurso enseja uma análise não-subjetiva da enunciação, já que os sujeitos não seriam "subjetivos", como na Lingüística da Enunciação, mas "determinados por um exterior ideológico". A Análise do Discurso descarta a possibilidade de que a apropriação da língua pelo falante no discurso seja individual, como preconiza a Lingüística da Enunciação. Ela considera, segundo Orlandi, que "há uma forma social de apropriação da linguagem, em que está refletida a ilusão do sujeito, isto é, sua interpelação feita pela ideologia".

Enquanto forma de conhecimento, a Análise do Discurso sustenta-se em alguns princípios e conceitos gerais, além dos pressupostos metodológicos que podem depender das diversas perspectivas adotadas. O *interdiscurso* é um desses conceitos. Ele relaciona-se a outros, como a *memória discursiva*, aquilo que fala antes, em outro lugar; o *saber discursivo*, que torna possível o dizer; o *já-dito*, que afeta o modo como o sujeito significa em uma determinada situação discursiva. Apesar de polêmica, a noção althusseriana de *formação discursiva* é também essencial no referencial teórico da Análise do Discurso: é aquilo que se pode e se deve dizer em uma determinada formação ideológica e em uma determinada conjuntura sócio-histórica.

A Sociolingüística

Alguns estudiosos destacaram-se por sua concepção mais social da língua e mais sociológica da Lingüística. Antoine Meillet foi um dos mais ilustres alunos de Ferdinand de Saussure quando ensinava gramática comparada na *École Pratique des Hautes Études*, em Paris, substituindo-o como professor na mesma instituição.

Após a publicação póstuma do *Curso de lingüística geral*, Meillet passou a opor-se explicitamente a muitos aspectos das concepções contidas naquela obra, rejeitando principalmente a oposição metodológica nela estabelecida entre sincronia e diacronia, para poder definir como único objeto da Lingüística a *língua* "estudada em si e por si". Para explicar a estrutura da língua pela sua história, Meillet preconizava uma abordagem interna e externa dos fatos lingüísticos e uma visão sincrônica e diacrônica desses fatos.

Numa filiação científico-acadêmica, evidenciada por Calvet, André Martinet pode aparecer como um dos precursores da Sociolingüística, já que fora um dos mais destacados alunos de Meillet e se interessara igualmente pela questão da mudança lingüística, principalmente a mudança fonética. Além disso, na Universidade de Columbia (Nova York), foi professor e orientador de Uriel Weinrich (1926-1967), que também dedicou sua vida profissional a questões ligadas à relação língua-sociedade e, mais tarde tornou-se professor do famoso William Labov (1927-), tido comumente como o pai da Sociolingüística, e orientador de Dell Hymes, o mais famoso representante da Sociolingüística Interacional. Martinet lembrou em várias ocasiões a necessária implicação da Sociologia ao se falar em língua. Como vimos, ele dedicou igualmente o quinto capítulo de *Elementos de Lingüística Geral* à "variedade dos idiomas e dos usos lingüísticos", e foi um dos primeiros a utilizar o conceito de "Sociolingüística".

Entretanto, como os autores do *Curso de lingüística geral*, Martinet jamais considerou os fatos sociais como verdadeiramente determinantes nos fenômenos lingüísticos e, sobretudo, não os considerava dignos de ser analisados pelo lingüista que, para ele, deveria limitar-se a compreender os resultados da ação desses fatos sobre a língua. Labov enfatizou a visão *catastrófica* que Martinet tinha dos vínculos entre fatos sociais e lingüísticos. Para ele, "comoções sociais extraordinárias" perturbariam, de vez em quando, o equilíbrio da língua, provocando nela "ondas de reajustes", nas quais os fatores puramente internos regeriam as mudanças, que iriam se desenvolvendo progressiva e lentamente, durante anos, séculos, milênios. Martinet foi um grande crítico da Sociolingüística laboviana, lamentando que, nela, a Sociologia fizesse sombra à Lingüística, e isso ajuda a comprovar sua posição teórica estruturalista e imanentista.

As reflexões dos filósofos românticos alemães Herder e Humboldt são citadas comumente como precursoras e, até mesmo, como parte integrante da Sociolingüística. Johann Gottfried Herder produziu considerações complexas e relativamente revolucionárias para sua época sobre a linguagem verbal. Herder compreendeu a relação entre linguagem e pensamento, mostrando que, já na origem da linguagem verbal, "nem mesmo a mínima ação do intelecto podia dar-se sem um vocábulo distintivo e isso significa que o momento em que surgiu a consciência marcou o aparecimento interior da linguagem". Herder via igualmente o ser humano como inserido no conjunto do gênero humano e como um simples elemento de uma sucessão contínua. Para ele, devido à educação e à socialização, o modo de pensar e de falar do indivíduo corresponderia ao modo de pensar e de falar da coletividade, identificando-se a linguagem com a comunidade. Com o passar do tempo, a visão do mundo dos povos seria produto de sua língua, ao mesmo tempo que as particularidades das línguas seriam o espelho da história e da mentalidade das coletividades que as falam.

Já assinalamos a grande complexidade do pensamento de Humboldt. Influenciado pelo contexto da unificação alemã, como Herder, Humboldt propunha que a língua expressasse e formasse o pensamento coletivo – "espírito da nação". Além da idéia de reciprocidade e interação entre a língua e o povo, Herder e Humboldt acentuaram o caráter histórico da língua, que viam como depósito e acumulação da experiência e memória coletiva de um povo.

O nacional-chauvinismo pôs ao seu serviço a proposta de Humboldt da relação intrínseca entre língua e nação. Stalin, por exemplo, serviu-se das teses humboldtianas da língua como espelho do povo. Operação facilitada pelo fato de que Humboldt e Herder compreendiam a língua como territorialmente uniforme. Desde a Revolução Francesa, movimentos nacionalistas apóiam-se na idéia de que a unidade nacional exigiria uma língua nacional. Sobretudo em Humboldt, havia uma identidade, considerada hoje não-pertinente, entre *social* e *nacional*, na qual o *povo* era visto como entidade uniforme e homogênea, sem antagonismos de classes.

Nos Estados Unidos, as línguas nativas despertaram muito cedo o interesse de pesquisadores, tornando-se objeto de estudo de muitos lingüistas. Vimos que Bloomfield aplicou a essas línguas seu método de análise em constituintes imediatos [ACI] e descreveu-as na base de sua gramática distribucional. Por serem línguas de sociedades consideradas simples, aparentemente fáceis de ser estudadas e comparadas com as línguas e culturas de sociedades mais avançadas, elas atraíram também etnólogos, antropólogos e lingüistas partidários das visões dos filósofos alemães de que línguas diferentes acarretariam diferentes representações de mundo.

O lingüista-etnólogo Edward Sapir estudou várias línguas americanas – yana, paiute, nootka, etc. nas longas estadas nessas comunidades e a partir das observações de seu discípulo e colega, o antropólogo Franz Boas. Ao estudar as sociedades nativas, Boas elaborara uma visão sistêmica dos fenômenos culturais, que, segundo ele, de fenômenos inconscientes, tornavam-se inteligíveis graças à linguagem verbal. Sapir também via as línguas como sistemas equilibrados e auto-regulados, formados no mundo social, que determinavam a maneira como a sociedade concebe o mundo, sobretudo através de seu vocabulário, mesmo de modo nao-mecânico.

Aluno e, a seguir, colaborador de Sapir, o lingüista e antropólogo Benjamin Lee Whorf (1897-1941) desenvolveu com seu ex-mestre a "hipótese de Whorf-Sapir", sobre a relação entre língua e conhecimento. Como Humboldt, Whorf considerava que o conhecimento que os seres humanos têm do mundo só se dá através da língua, sem a qual veriam o mundo como um caos. Para ele, até mesmo as regras gramaticais – e não apenas o léxico, como defendia Sapir – modelam as idéias e guiam a atividade mental dos falantes. Whorf estabeleceu uma oposição entre as línguas e visões de mundo de tipo europeu e as línguas e visões de mundo dos nativos hopi.

Os estudos aos quais acabamos de nos referir retomam as reflexões de filósofos da linguagem como Humboldt, sobre as relações entre língua e etnia e entre povo e nação. Devem ser considerados como etnolingüísticos, por tratar as sociedades como entidades homogêneas, sem contradições internas, referindo-se, portanto, a elas como etnias, à margem das múltiplas diferenças sociais – de classe, de região, de sexo, etc.

Abordamos o *Círculo de Bakhtin* ao tratarmos a questão da enunciação. A profundidade e a amplitude da reflexão dos pesquisadores soviéticos dos anos 1920-1930 e seu caráter eminentemente sociológico e histórico exigem que retomemos essa escola ao tratarmos os precursores de uma Lingüística social. Porém, devido à unidade da visão do *Círculo*, que considera a linguagem verbal como social e, portanto, prenhe de conteúdo ideológico, é difícil isolar nessa visão, referências específicas a questões relacionadas a uma Sociolingüística *avant la lettre*.

A essência de *O marxismo e a filosofia da linguagem*, de 1929, consiste na demonstração de que a análise lingüística só pode ser sociológica, histórica e dialética. Inicialmente, porque a fala é indissoluvelmente ligada às condições da comunicação que, por sua vez, são reflexo não-mecânico das estruturas sociais. Portanto, a fala é social em nível da micro-situação de comunicação. Ela também o é porque os diversos grupos sociais não utilizam a mesma linguagem, no que diz respeito ao sistema de palavras e regras, nem em relação ao *discurso*, entendido aqui no sentido dado a esse termo por Pêcheux. Em *O marxismo e a filosofia da linguagem*, os autores mostram igualmente que acentos sociais contraditórios defrontam-se nas próprias palavras, isto é, no próprio sistema da língua, porque, como já enfatizamos, o signo lingüístico é ideológico por natureza e a ideologia constituí um reflexo das estruturas sociais.

Mesmo os escritos do *Circulo de Bakhtin* dedicados ao estudo da literatura assentam-se na concepção do caráter intrinsecamente social e histórico da língua. É o caso de *Estética e teoria do romance* onde se encontram reflexões extremamente esclarecedoras sobre a tradicional tendência da Filosofia da Linguagem e, a seguir, da Lingüística, de buscar a unidade na variedade, procurando a todo custo evidenciar forças centrípetas da vida social, lingüística e ideológica.

Para Bakhtin, essas teorizações lingüísticas teriam justificado e motivado práticas glotocidas: "[...] a vitória de uma só língua preeminente [dialeto] sobre as outras, a expulsão de algumas linguagens, sua escravização, o ensino pela 'verdadeira palavra', a participação dos bárbaros e das classes sociais inferiores [*sic!*] à linguagem única da cultura e da verdade, a canonização de sistemas ideológicos [...], a ciência das línguas indo-européias que passa da multidão de línguas a uma única língua-mãe, tudo isso determinou o conteúdo e a força da categoria da linguagem 'um' no pensamento lingüístico e estilístico assim como seu papel criador, estilizador para a maioria dos gêneros poéticos que se constituíram na corrente dessas mesmas forças centrípetas da vida verbal e ideológica".

Bakhtin defendia que a Filosofia da Linguagem e a Lingüística deixassem de centrar-se no que ele chamava os "aspectos mais resistentes, mais firmes, mais estáveis, menos ambíguos (*fonéticos*, principalmente) da língua, os mais afastados das moventes esferas sócio-semânticas do discurso" e passassem a estudar "a 'consciência lingüística' real, saturada de ideologia, parte de uma plurivocalidade e de um plurilingüismo autênticos" e a levar em conta todos os gêneros verbais (familiares, retóricos, literários) portadores das tendências centrífugas da linguagem. Tal proposta de Bakhtin corresponde perfeitamente aos objetivos da Sociolingüística e da Análise de Discursos.

A descoberta do *Círculo de Bakhtin* pelas ciências sociais *ocidentais* tem determinado reiterados movimentos de negação do caráter social, histórico, dialético e materialista dessa germinal visão lingüística. Essas operações apóiam-se comumente em reconstituição de lances verdadeiramente fantasiosos da biografia dos membros do Círculo, em geral, e de Bakhtin, em especial, e em um profundo e não raro constrangedor desconhecimento das ciências sociais e do método marxistas, reduzidos habitualmente ao jargão stalinista, sua negação essencial não dialética.

A Sociolingüística atual e suas correntes

Como outras disciplinas, a Sociolingüística tem dificuldade em definir seu início como ciência. Como vimos, na história, foram numerosos os estudos e os estudiosos que elegeram como objeto os aspectos sociais da linguagem e das línguas ou refletiram sobre a impossibilidade de compreender o seu funcionamento abstraindo o seu uso pelos locutores. A formalização inicial de uma escola teórica sociolingüística teria ocorrido durante uma reunião, em 1964, organizada por William Bright (1928-2006) na Universidade de Los Angeles (UCLA), com a participação de 26 lingüistas, sobretudo estadunidenses.

A maioria dos participantes da reunião de 1964 tinha uma produção científica no campo da Lingüística social. Porém, existiam entre eles divergências sobre o objeto de estudo e a metodologia. Entre os participantes, além do agora conhecidíssimo William Labov, destacavam-se o lingüista, antropólogo e folclorista estadunidense Dell Hymes, célebre por seu artigo *The ethnography of speaking*, de 1962; o lingüista e antropólogo John Gumperz (1922-), colega de Hymes na universidade de Berkeley, e o lingüista Charles Ferguson (1921-1988), que tinham trabalhado juntos sobre o bilingüismo na Índia. Ferguson era também conhecido pelo artigo *Diglossia*, publicado em 1959, considerado o início dos estudos diglóssicos. Da reunião participaram igualmente Einar Haugen (1906-1994), que junto com Gumperz pesquisara o bilingüismo na Noruega, país de origem de Haugen. Dois outros participantes, Paul Garvin (1920-1994) e Madeleine Mathiot eram autores do artigo de 1960 sobre as dinâmicas lingüísticas no Paraguai – *The urbanization of the guarani language*. Foram também analisados e citados no encontro trabalhos importantes de autores não presentes à conferência, como Uriel Weinrich, Roman Jakobson, Edward Sapir e Leonard Bloomfield.

Segundo Calvet, unia todos os participantes da reunião da UCLA uma vontade difusa de apresentar uma alternativa ao crescente prestígio e predomínio mundial de uma Lingüística cada vez mais formal e menos humana e social, representada principalmente pelas pesquisas de Chomsky, no poderoso Massachussets Institute of Technology, voltadas para a produção de modelos explicativos abstratos sobre a competência lingüística, objeto de estudo estranho aos fenômenos linguageiros reais.

Alguns participantes da reunião enfatizavam sobretudo as comunidades lingüísticas e seus repertórios, em detrimento da estrutura das línguas. Mas a maioria, como Labov, não preconizava uma revisão teórico-metodológica radical da Lingüística Estruturalista, interessando-se sobretudo à comprovação de que as línguas não são nem homogêneas, nem monolíticas, nem estáticas, mas sujeitas à variação e que essa variação não seria livre nem caótica, mas correlacionada sistematicamente a diferenças sociais. Para a maioria dos que compareceram ao encontro da UCLA, a principal tarefa da Sociolingüística seria, portanto, evidenciar a relação causal e a co-variação sistemática das estruturas lingüísticas e das estruturas sociais.

Atualmente, a Sociolingüística caracteriza-se por uma ampla diversidade de interesses e de perspectivas teórico-metodológicas. Além da dificuldade, comum com a Lingüística, de delimitar seu campo de atuação e definir seu objeto, a Sociolingüística não consegue chegar a um denominador comum sobre importantes questões teóricas, como os vínculos dialéticos existentes entre a língua, a organização social e as formações ideológicas que a ela correspondem. Há diversos modos de fazer Sociolingüística, cada um com objetos, métodos, modelos teóricos, etc. vinculados a concepções epistemológicas relativamente diferenciadas.

Há uma Sociolingüística trabalhando em perspectiva estruturalista e quantitativa. Seu objeto é a estrutura da língua, que analisa à luz de algumas variáveis sociais – sexo, classe social, idade, etc. Ela procura desvendar a ocorrência simultânea das variáveis sociais e lingüísticas, sem jamais tomar os dados sociais como objeto de estudo. Os trabalhos de Labov e dos chamados variacionistas encontram-se nessa categoria. Os seguidores dessa corrente consideram que a fronteira entre a *Sociolingüística* e a *Sociologia da linguagem* deve permanecer nítida.

Para William Labov, principal expoente da Sociolingüística Variacionista, não há diferença real entre a Lingüística e a Sociolingüística, pois a língua é um produto social que deve *sempre* ser analisada segundo os pontos de vista estrutural: fonológico, morfológico, sintático. Na visão dos variacionistas, os problemas teóricos da Sociolingüística são os mesmos da Lingüística Geral estruturalista: a forma das regras; sua combinação em sistemas; a coexistência de diversos sistemas, sua evolução no tempo, etc.

Uma das grandes diferenças entre a Sociolingüística Variacionista e a Lingüística Estruturalista é o objeto. Para a primeira, ele só pode ser a *fala*, nas palavras de Labov, a "linguagem como é praticada pelos locutores nativos quando comunicam entre eles na vida quotidiana". Para a Lingüística supostamente saussuriana, os fenômenos da fala atingem apenas a substância material das palavras, não seu significado; portanto, não devem constituir o objeto da Lingüística. Outra diferença essencial é a compreensão da variação e da mudança lingüísticas. Para os variacionistas, estas últimas nascem do comportamento social; para os lingüistas estruturalistas, elas são *internas* ao sistema.

Para os variacionistas, a agramaticalidade e a variação da estrutura lingüística não devem ser colocadas fora do sistema, como fazem os estruturalistas e os gerativistas. Ao contrário, consideram que a Lingüística deve poder explicar e categorizar claramente o comportamento do locutor que pratica a variação e dar a ela um *significado*, isto é, um *peso funcional*. Segundo eles, é também preciso "evidenciar as diferenças sistemáticas entre dois conjuntos de regras aplicadas por dois grupos de locutores".

Metodologicamente, os variacionistas apóiam-se na observação quantitativa de um *corpus*, escolhido a partir de certas características sociais, étnicas, antropológicas, etc., correlacionadas a uma variável lingüística – fonética-fonológica, morfossintática, etc. Uma das principais críticas ao modelo variacionista é que ele costuma apoiar-se em uma visão aproximativa dos dados sociais e em teorias sociológicas não sempre adequadas. É o caso dos critérios simplistas que Labov utiliza para dividir a sociedade estadunidense em classe sociais: baixa, média e alta. Nessa visão, são obscuros os próprios referentes do adjetivo "social" e do substantivo "sociedade", não ficando claro se se trata da sociedade global, de seus segmentos, de suas classes, etc. A Sociolingüística *laboviana* predomina hoje, sobretudo nas Américas do Sul e do Norte, regiões onde tende a ser considerada como a Sociolingüística propriamente dita.

Há outras correntes sociolingüísticas que tomam como objeto uma maior gama de fenômenos linguageiros: as dinâmicas comunicativas; os sentimentos e as atitudes lingüísticas; as políticas lingüísticas; o bilingüismo; as línguas minoritárias; os vínculos entre língua e identidade sociocultural, etc. Fenômenos que não podem ser estudados apenas quantitativamente nem podem ser compreendidos sem um exame profundo das determinações sociais a eles vinculados. A essas correntes correspondem diversas denominações, em função do ponto de vista adotado, da delimitação do objeto de estudo, da opção metodológica, etc.: *Sociolingüística Funcional, Sociolingüística Interpretativa, Sociolingüística interacional,* etc.

Em geral, as diferentes escolas que se interessam por aspectos específicos diversos da relação língua-sociedade propõem que os comportamentos lingüísticos e os fatores sociais determinem-se reciprocamente, sem que seja possível estabelecer uma relação hierárquica ou prioritária entre uns e outros. Portanto, elas vêem uma co-ocorrência e uma co-causalidade entre os elementos lingüísticos e os elementos sociais. Assim sendo, os dados são tratados *quantitativa* e *qualitativamente,* procedendo-se a uma maior abertura para disciplinas conexas: Sociologia, História, Antropologia, Psicologia, Etnologia. Alguns sociolingüistas, como Calvet, propuseram analisar as comunidades sociais sob seus aspectos lingüísticos, descartando a distinção entre Sociolingüística *stricto senso*, Sociolingüística *lato senso* e Sociologia da Linguagem, como defendia Labov.

Na Europa, nos anos 1970, os estudos inspirados pela Sociolingüística foram muitos e dinâmicos. Na França, após maio 1968, como assinalamos, foram criadas novas universidades e contratados jovens pesquisadores e professores. Naquele contexto de ebulição cultural, científica e social, pesquisas foram realizadas em uma perspectiva interdisciplinar, sobretudo entre os departamentos de Lingüística e História. Lingüistas como Jean-Baptiste Marcellesi, Françoise Gadet, Denise Maldidier e Claudine Normand – alguns inclusive estruturalistas – procuravam vincular a linguagem verbal à sociedade e à ideologia. Naqueles anos, sociolingüistas de diversos países europeus também preferiram os princípios teóricos e as opções metodológicas gerais de uma Sociolingüística mais qualitativa que quantitativa. Isso devido à necessidade de resolução de problemas práticos decorrentes das situações de diglossia e de bilingüismo ou de discriminação de línguas e dialetos minoritários em países e regiões com repertórios plurilíngües e pluridialetais complexos, como é o caso da maioria dos países europeus.

Orlandi lembra que, ao lado dessas correntes, há estudos que remetem a uma "Sociolingüística, entendida em seu sentido amplo", na qual os fenômenos linguageiros, sociais e ideológicos constituem uma totalidade e mantêm entre si vínculos tão estreitos e intrínsecos que é impossível analisar uns sem os outros. Muitos desses estudos apóiam-se em modelos teóricos baseados no materialismo dialético e histórico.

Jean Baptiste Marcellesi e Bernard Gardin (1940-2002) falam de uma *Lingüística Sociodiferencial* ou *Lingüística Social,* voltada para as condutas lingüísticas coletivas, características de certos grupos sociais e que se diferenciam e entram em conflito numa mesma comunidade lingüística. Essa Lingüística Sociodiferencial compreenderia, segundo esses autores, a Lexicologia Política e Técnica e a Análise do Discurso. A lingüista francesa Françoise Gadet também é favorável à abertura da Sociolingüística aos aspectos discursivos e tem igualmente insistido para que a Sociolingüística não seja mais considerada como uma ciência periférica em relação a um centro que seria apanágio da Lingüística... de uma certa Lingüística.

Referências

AUSTIN, John Langshaw. *Quand dire, c'est faire*. Paris: Seuil, 1970.

BAKHTIN, Mikhail M. *Linguaggio e scrittura*. Roma: Meltemi, 2003.

BAKHTIN, Mikhail (VOLOCHINOV, V.). *Le marxisme et la philosophie du langage:* essai d'application de la méthode sciologique en linguistique. Paris: Minuit, 1977.

BAKHTIN, Mikhail. *Esthétique et théorie du roman*. Paris: Gallimard, 1999.

BENVENISTE, Emile. *Problemas de Lingüística Geral I*. Campinas: Pontes, 1995.

BERRUTO, Gaetano. *Fondamenti di sociolinguistica*. Bari: Laterza, 1995.

BERRUTO, Gaetano. Problemi e metodi nell'"Analisi del discorso". In: *Studi italiani di linguistica teorica e applicata*. Anno VIII, 1979, n. 1-2-3. Padova: Liviana Editrice, p. 45-71.

BOUQUET, Simon. *Après un siècle, les manuscrits de Saussure reviennent bouleverser la linguistique*. Disponível em : http://www.revue-texto.net/Saussure/ Sur_Saus sure/Bouquet

CALVET, Louis-Jean. *Saussure: pró e contra, para uma lingüística social*. São Paulo: Cultrix, s.d. [*Pour et contre Saussure*. Vers une linguistique sociale. Paris: Payot, 1975].

CALVET, Louis-Jean. *Histoire de l'écriture*. Paris: Plon, 1996.

CALVET, Louis-Jean. Aux origines de la sociolinguistique: la conférence de sociolinguistique de l'UCLA (1964). *Langage et société*, n. 88, juin 1999, p. 25-57.

CALVET, Louis-Jean. *Linguistique et colonialisme*. Paris: Payot, 2002.

CALVET, Louis-Jean. *Sociolingüística*. Uma introdução crítica. São Paulo: Parábola, 2002.

CARBONI, Florence. *Para além do espelho*. Os problemas da leitura do Círculo de Bakhtin. Passo Fundo: UPF Editora, 2005.

DOSSE, François. *História do estruturalismo*. 1. O campo do signo, 1945-1966. São Paulo: Ensaio; Campinas: Ed. Unicamp, 1993.

DOSSE, François. *História do estruturalismo*. 2. O canto do cisne, de 1967 a nossos dias. São Paulo: Ensaio; Campinas: Ed. Unicamp, 1994.

DUCROT, Oswald; TODOROV, Tzvetan. *Dicionário enciclopédico das ciências da linguagem*. São Paulo: Perspectiva, 1998.

DUCROT, Oswald. *Qu'est-ce que le structuralisme? I* - Le structuralisme en linguistique. Paris: Seuil, 1968.

FARACO, Carlos Alberto. *Lingüística histórica*. São Paulo: Ática, 1991.

FIORIN, José Luiz. *As astúcias da enunciação*. As categorias de pessoa, espaço e tempo. São Paulo, Ática, 2002.

FLORES, Valdir; TEIXEIRA, Marlene. *Introdução à Lingüística da Enunciação*. São Paulo: Contexto, 2005.

GADET, Françoise; PÊCHEUX, Michel. *A língua inatingível*. O discurso na história da Lingüística. Campinas: Pontes, 2004.

GADET, Françoise. Mais que font les sociolinguistes? *Langage e société*, n.107, mars 2004, p. 86-94.

GARDIN, Bernard. *Langage et luttes sociales*. Limoges: Lambert-Lucas, 2005.

GUILHAUMOU, Jacques; MALDIDIER, Denise. Da enunciação ao acontecimento discursivo em Análise de discurso. In: GUIMARÃES, Eduardo(Org.). *História e sentido na linguagem*. Campinas: Pontes, 1989.

HENRY, Paul. *A ferramenta imperfeita*. Língua, sujeito e discurso. Campinas: Unicamp, 1992.

HELSLOOT, Niels; HAK, Tony. La contribution de Michel Pêcheux à l'analyse de discours. *Langage et société*, n. 91, mars 2000, p. 5-33.

HERDER, Johann Gottfried. *Saggio sull'origine del linguaggio*. Parma: Nuova Pratiche Editrice, 1995.

IVANOVA, Irina. Le dialogue dans la linguistique soviétique des années 1920-1930. In: SERIOT, Patrick (Org.). *Le discours sur la langue en URSS à l'époque stalienne* (épistémologie, philosophie, idéologie). *Cahiers de l'ILSL*, n. 14, 2003, p .157-182.

JAKOBSON, Roman. *Six leçons sur le son et le sens*. Paris: Les Editions de Minuit, 1976.

JAKOBSON, Roman. *Lingüística e comunicação*. São Paulo: Cultrix, s.d.

JESPERSEN, Otto. *Nature, évolution et origines du langage*. Paris: Payot, 1976.

KERBRAT-ORECCHIONI, Catherine. *L'énonciation*. De la subjectivité dans le langage. Paris: Armand Colin, 1980.

LABOV, William. *Sociolinguistique*. Paris: Les Editions de Minuit, 1976.

LEPSCHY, Giulio. *La linguistique structurale*. Paris: Payot, 1976.

MAINGENEAU, Dominique. *L'énonciation en linguistique française*. Paris: Hachette, 1999.

MARCELLESI, Jean-Baptiste; GARDIN, Bernard. *Introdução à Sociolingüística*. A Lingüística Social. Lisboa: Aster, 1975 [*Introduction à la sociolinguistique*. La linguistique sociale. Paris: Larousse, 1974].

MARTINET, André. *Elementos de lingüística geral*. Lisboa: Livraria Sá da Costa, 1972.

MARTINET, André. *Evolution des langues et reconstruction*. Paris: Presses Universitaires de France, 1975.

MOUNIN, Georges. *Histoire de la linguistique des origines au XXe siècle*. Paris: PUF, 1974.

MOUNIN, Georges. *Storia della linguistica del XX secolo*. Milano: Feltrinelli, 1983.

ORLANDI, Eni Pulcinelli. *O que é Lingüística*. São Paulo: Brasiliense, 1987.

ORLANDI, Eni. *A linguagem e seu funcionamento*. Campinas, SP: Pontes, 1996.

ORLANDI, Eni. *Análise de Discurso*. Princípios e procedimentos. Campinas, SP: Pontes, 2002.

PÊCHEUX, Michel. *Semântica e discurso*. Uma crítica à afirmação do óbvio. Campinas, SP: Ed. Unicamp, 1997.

PÊCHEUX, Michel. *O discurso*. Estrutura ou acontecimento. Campinas, SP: Pontes, 2002.

PERROT, Jean. *La linguistique*. Paris: PUF, 1965.

PONZIO, Augusto. *Tra semiotica e letteratura*. Introduzione di Michail Bachtin. Milano: Bompiani, 2003.

RAJAGOPALAN, Kanavillil. *Por uma lingüística crítica*. Linguagem, identidade e a questão ética. São Paulo: Parábola, 2003.

SAUSSURE, Ferdinand de. *Curso de lingüística geral*. São Paulo: Cultrix, 1995.

SAUSSURE, Ferdinand de. *Corso di linguistica generale*. Bari: Laterza, 1995.

SAUSSURE, Ferdinand de. *Escritos de lingüística geral*. São Paulo: Cultrix, 2002.

SAUSSURE. Ferdinand de. *Scritti inediti di linguistica generale*. Roma; Bari: Laterza, 2005.

SCHOTT-BOURGET, Véronique. *Approches de la linguistique*. Paris: Nathan/VUEF, 2001.

WEEDWOOD, Barbara. *História concisa da Lingüística*. São Paulo: Parábola, 2002.

QUALQUER LIVRO DO NOSSO CATÁLOGO NÃO ENCONTRADO NAS LIVRARIAS PODE SER PEDIDO POR CARTA, FAX, TELEFONE OU PELA INTERNET.

Rua Aimorés, 981, 8º andar – Funcionários
Belo Horizonte-MG – CEP 30140-071

Tel: (31) 3222 6819
Fax: (31) 3224 6087
Televendas (gratuito): 0800 2831322

vendas@autenticaeditora.com.br
www.autenticaeditora.com.br

ESTE LIVRO FOI COMPOSTO COM TIPOGRAFIA MINION REGULAR, E IMPRESSO EM PAPEL OFF SET 75 G. NA LABEL ARTES GRÁFICAS.
BELO HORIZONTE, MARÇO DE 2008.